経営側弁護士
による

精選 労働判例集

第11集

石井妙子　岩本充史　牛嶋　勉
岡芹健夫　緒方彰人　中町　誠
渡部邦昭

労働新聞社

はじめに

　労働紛争には、大きく個々の労働者と使用者が争うもの（個別的労使紛争）と、労働組合等と使用者が争うもの（集団的労使紛争）があります。近年では、解雇・雇止め、労働条件の格差問題、未払い賃金の請求等、多種多様な個別的労使紛争が増加傾向にあるだけでなく、件数の増加とともに内容も複雑化してきております。このような中で、紛争に伴う多大な時間の消費と費用の損失を考えると、労使紛争の未然防止および紛争発生後の適切な対応が必要不可欠といえます。そこで、同種の事案で裁判になったものの内容を精査し、その中から実務面での対応策を検討することはとても有意義なものです。

　本書は「労働新聞」で人気の高い「職場に役立つ最新労働判例」連載記事のうち、2020年に掲載されたものにつき加筆・修正を加えたもので、今回で第11集目の発行となります。第10集までと同様執筆者の方に精選していただいた裁判例について、「事案の概要」「判決のポイント」「応用と見直し」の3点につき、重要な点を簡潔に解説いただいております。特に「応用と見直し」では、裁判の内容を踏まえて、会社が留意すべき事項を指摘しており、実務上参考になるものとなっております。

　本書が良好な労使関係の構築、労使紛争の未然防止や解決にお役にたてば発行者として幸いです。加えて、第11集が発行できたことにつき、読者の皆様に厚く御礼申し上げます。

　最後になりますが、本書の発行および内容の再点検につき快くお引き受けいただきました石井妙子先生、岩本充史先生、牛嶋勉先生、岡芹健夫先生、緒方彰人先生、中町誠先生、渡部邦昭先生（五十音順）に、心より感謝申し上げます。

2021年6月

労働新聞社

目 次

その他

凡　例

最大判	最高裁判所大法廷判決
最一小判	最高裁判所第一小法廷判決
最二小判	最高裁判所第二小法廷判決
最三小判	最高裁判所第三小法廷判決
高判	高等裁判所判決
地判	地方裁判所判決
支判	地方裁判所支部判決
地決	地方裁判所決定
労判	労働判例（産労総合研究所）
労経速	労働経済判例速報（日本経団連）
労判ジャ	労働判例ジャーナル（労働開発研究会）
判タ	判例タイムズ（判例タイムズ社）

非常勤講師が手当や賞与なし不合理と賠償請求

－中央学院事件－（福岡地判令元・5・30）

弁護士　中町　誠

［労経速2398号3頁］

非常勤講師が、専任教員との基本給に約3倍の差があり、家族手当や賞与などもないのは不合理と損害賠償を求めた。東京地裁は、職務内容や責任に相違があるうえ、他校の賃金水準よりも低いとはいえず団交で待遇は改善されていたと評価。幅広い業務に応じた責任を負う専任教員にふさわしい有為な人材を確保する必要性があり、家族手当などを手厚くすることも合理性がないとはいえないとした。

基本給3分の1だが、団交で待遇は改善されていたと評価

 事案の概要

被告は、中央学院大学等を設置し、運営する学校法人である。

被告との間で期間の定めのある労働契約を締結し、当該労働契約に基づいて本件大学の非常勤講師として現に就労している原告が、被告との間で期間の定めのない労働契約を締結している本件大学の専任教員との間に、本俸の額、賞与、年度末手当、家族手当および住宅手当の支給に関して、労働契約法20条の規定に違反する労働条件の相違がある旨を主張して、被告に対し、不法行為に基づく損害賠償等を請求した事案である（他に専任教員の契約締結段階に入ったとの争点もあるが、事実認定の問題なので以下労契法20条の争点に絞る）。

 判決のポイント

1　基本給

非常勤講師と専任教員との間には、本俸額について約3倍の差があったものと解される。しかしながら、そもそも、非常勤講師と専任教員との間には、その職務の内容に数々の大きな違いがあるものである。…非常勤講師の賃金水準が他の大学と比較しても特に低いものであるということができないところ、本件大学においては、団体交渉における労働組合との間の合意により、

非常勤講師の年俸額を随時増額するのみならず、…その他非常勤講師の待遇についてより高水準となる方向で見直しを続けており、原告の待遇はこれらの見直しの積み重ねの結果であることからすると、原告が本件大学においてこれまで長年にわたり専任教員とほぼ遜色ないコマ数の授業を担当し、その中に原告の専門外である科目も複数含まれていたことなどといった原告が指摘する諸事情を考慮しても、原告と本件大学の専任教員との本俸額の相違が不合理であると評価することはできないというべきである。

2 賞与及び年度末手当

本件大学の専任教員が、授業を担当するのみならず、被告（本件大学）の財政状況に直結する学生募集や入学試験に関する業務を含む大学運営に関する幅広い業務を行い、これらの業務に伴う責任を負う立場にあること（それ故に、…専任教員は、被告との間の労働契約上、職務専念義務を負い、原則として兼職が禁止されている）。また、大学において一定数以上の専任教員を確保しなければならないとされていること（大学設置基準第13条）も、専任教員がその他の教員と異なる重要な職責を負うことの現れであるということ

とができる）からすると、被告において、…専任教員のみに対して賞与及び年度末手当を支給することが不合理であると評価することはできないというべきである。

3 家族手当及び住宅手当

家族手当は教職員が家族を扶養するための生活費に対する補助として、住宅手当は教職員の住宅費の負担に対する補助として、それぞれ支給されるもの…であり、いずれも、労働者の提供する労務を金銭的に評価して支給されるものではなく、従業員に対する福利厚生及び生活保障の趣旨で支給されるものであるということができるところ、…授業を担当するのみならず、大学運営に関する幅広い業務を行い、これらの業務に伴う責任を負う立場にある本件大学の専任教員として相応しい人材を安定的に確保する（大学設置基準第13条）ために、専任教員について福利厚生の面で手厚い処遇をすることに合理性がないとはいえないことや、本件大学の専任教員が、その職務の内容故に、被告との間の労働契約上、職務専念義務を負い、原則として兼業が禁止され、その収入を被告から受ける賃金に依存せざるを得ないことからすると、被告において、本件大学の専

任教員のみに対して家族手当及び住居手当を支給することが不合理であると評価することはできない。

なお、原告は、…非常勤講師を職業とし、…被告以外のどの大学といかなるコマ数の授業を担当するかに制限はなく、被告において、専任教員の義務コマ数である5コマ以上のコマ数を担当する非常勤講師については家族手当及び住宅手当の支給の対象とするといった賃金制度を採用しなかったことが不合理であるなどということもできない。

 応用と見直し

本件は、私立大学の非常勤講師と専任教員との労働条件の差異が労契法20条の規定に違反するか否かが主たる争点となった事案である。

項目別にみていこう。まず、基本給（本俸額で約3倍の差）であるが、本件ではその職務内容の差異が大きいこと等によって不合理とはされなかった。これまでの裁判例でも基本給について労契法20条違反を認めたのは1件（産業医科大学事件＝福岡高判平30・11・29）にとどまり、多数裁判例は不合理性を認めていない。

次に賞与および年度手当の支給の有無による差異である。本判決は、職務内容の差異と責任の差異を理由に不合理とはしなかった。これまでの裁判例ではやはり1件（大阪医科薬科大学事件＝大阪高判平31・2・15）を除き、その不合理性を認めていない。

一方、家族手当について、これまでの裁判例はその性格が実費補填ないし生活補助的給付であるとして支給の有無についてその不合理性を認めてきた（日本郵便事件＝大阪地判平30・2・21、井関松山製造所事件＝高松高判令元・7・8）が、本判決は、いわゆる有為な人材確保論に依拠して、その不合理性を否定した。

同様に住宅手当についても、本判決はやはり有為な人材確保論に依拠して、その不合理性を否定した。この点については、裁判例は分かれており、配転可能性がある正社員の場合について、配転の負担軽減措置として、不合理性を認めない例（ハマキョウレックス事件＝大阪高判平28・7・26）がある一方、そのような可能性がない場合は生活補助的給付としてその差異に不合理性を肯定する例（前記日本郵便事件、井関松山製造所事件ほか）が多い。本判決が、有為な人材確保論を採用するのは大学という特殊性が影響を与えた可能性がある。家族手当や住宅

手当については「同一労働同一賃金ガイドライン」にも直接の言及がなく、今後ともその不合理性の有無について、争いが残ることとなった。(その後、最高裁（令2・10・15）が家族手当と類似する「扶養手当」について判断した点について本書34ページ以下参照）

なお、教員関係の労契法20条の係争としては、定年後の嘱託教諭の基本給の差異が不合理ではないとする五島育英会事件（東京地判平30・4・11）、嘱託講師が夜間担当手当の支給がないことに不合理ではないとした学校法人X事件（京都地判平31・2・28）がある。

MEMO

退職勧奨を拒否後の降格不当と差額賃金求める

－学校法人追手門学院事件－（大阪地判令元・6・12）

弁護士　岡芹　健夫　　　　　　　　　　　　［労判1215号46頁］

　退職勧奨に応じなかったため、不当に降格されたとして事務職員が、減額された月6万円の支払いを求めた。事務職員の賃金は職能給のみで構成され、規程では2年続けて下から2番目の評価の場合、降格を審議すると定めていた。大阪地裁は、当該事務職員の業務は職務等級に見合う十分な基準に達しておらず、上司等から何ら注意を受けなかったとも認め難いことなどから、評価に人事権の濫用は認められないとした。

職務等給に見合う基準に達しておらず、人事権の濫用ない

 事案の概要

　Y法人は学校法人である。Xは、平成2年にY法人に採用され、平成25年4月～同26年3月まで総合情報センター情報メディア課で勤務した後、同27年4月には中・高等学校事務室に配属され、同28年11月からは総務室財務課において、主に管財業務を担当していた。

　Y法人の事務職員は職能給とされ、その額は等級と号給に基づいて定められていた。等級は1等級から8等級に区分され、下位等級への降格については、人事評価の結果が2年連続でB評価（6段階評価で下から2番目）以下の場合、事務職員人事委員会において

て審議を行い決定するとされていた。人事評価は、各人の重点業務（目標達成度5段階）40％、日常業務（達成度5段階）20％、職務遂行能力（能力の程度5段階）20％、勤務態度（達成度5段階）20％の4要素で行われ、所属長を一次評価者、統括部署の長を二次評価者とし、点数換算により、上位からSS、S、AA、A、B、Cの6段階で評価されることとなっていた。

　Xについては、平成27年度は、重点業務1（スクールバス運行経費削減のための施策を具現化）、重点業務2（在学生・卒業生から受験生へのメッセージを募ってホームページに掲載）、重点業務3（予算査定の場で提言）のいずれも実現できず（重点業務はいず

れも 5 段階中 2）、日常業務は、評価要素である（以下同じ）仕事の迅速性・正確性・計画性・共有性のいずれも 5 段階中 2、職務遂行能力は、専門力・対人力・判断力のいずれも 5 段階中 3、勤務態度は、規律性・責任性・協調性および積極性のいずれも 5 段階中 2 との評価がなされた。

X は、平成 28 年度も、同 27 年度と同様に、重点業務、日常業務、職務遂行能力、勤務態度について、各個に低評価がなされた。

前述の評価により、X は平成 27 年度、同 28 年度で 2 年連続 B 評価となり、同 29 年 4 月 1 日付で降格され（以下、「本件降格」）、本俸月額が 44 万 3300 円から 38 万 1800 円に下がった。

前述の評価に至る X の業務遂行に関する X の言動としては、以下のものが挙げられている。

(a) 平成 27 年度

生徒の名簿管理ソフトの入力作業時に個人情報データを喪失させたミス、小口現金処理における不足金発生、その究明作業への非協力、学費徴収事務の不手際を原因とする不正確な学費徴収、上記学費徴収ミスに際しての原因究明のための時間外勤務の指示に従わない退勤、就業時間中に職務と関係の

ないサイトの多数回閲覧、保護者からの電話対応の際の保護者の悪口。

(b) 平成 28 年度

学費規程に従った学費徴収事務を行わなかったこと、業務上の指示に沿わない業務遂行、緊急事案に他の職員が対応する中で X だけ必要な対応業務を行うことなく退勤したことなど。

本件降格に先立つ平成 28 年 9 月、同年 11 月、同 29 年 2 月、同年 3 月に、Y 法人は X に、退職勧奨、退職勧告を行ったが、X は応じなかった。X は、本件降格の無効を主張して本件訴訟を提訴した。

 判決のポイント

X の本俸は、等級によって決定される職能給のみによって構成され、等級は、職務遂行能力に応じて定められるものであるところ、事務職員職能等級規程は、人事評価の結果として等級を引き下げる場合があることを明記している。Y 法人は、…人事評価によって、…等級を引き下げる形の降格を行う契約上の根拠を有する。

契約上の根拠に基づく降格は、…人事評価権に基づくものである限り、原則として使用者である Y 法人の裁量に委ねられるものの、著しく不合理な評

価によって、Xに大きな不利益を与える場合には、人事権を濫用したものとして無効になる。

（Xの業務ぶりに関して）認定事実によれば、（各年度における）各項目（重点業務、日常業務、職務遂行能力、勤務態度）についての事務長の判断が、人事権を濫用したものであるとは認められない。

Xは、XがY法人からの退職勧奨に応じなかったため、Y法人がその人権権を濫用して、人事評価を行ったと主張する。…また、Xは、評価対象期間中につき、Xの業務について、不満を述べられたり、注意を受けたことはない…と供述している。しかしながら、…Xの業務内容は、職務等級4級の専任職員として、十分な達成度に達していなかったと認められ、かかるXの職務状況等に鑑みると、…上司等から何らの注意を受けることがなかったとは認め難い。これらの点を総合的に勘案すると、Y法人において、Xが退職勧奨に応じなかったことを理由として、人事評価を行ったとは認められない。

 応用と見直し

本件における主要な焦点は、Xに対するY法人の人事評価が人事権濫用に該当するか否かであり、それに直接に影響する点としては、人事評価の基礎となったXの業務に関連する具体的事実の内容である。このような具体的事実の認定については、当事者双方（殊に労働事件については使用者側）の立証活動が重要になる。本件判決文をみるに、事実認定上の証拠の内容の詳細は不明ではあるものの（証拠番号の記載に留まっているものが多い）、ところどころに、Xの上司、同僚よりXに対して、仕事上の指示、注意、指摘を行うメールが送信されていることが説示され、それがXの業務に対する消極的評価を裏付けるものとされている箇所が見受けられる。すなわち、低い評価をせざるを得ない従業員に対しては、タイミングを失せず、形に残る方法での指導、指摘をしておくことが、法的紛争になった際には効果的であることは、本事件のみに限られない。また、本件において出されているか否かは不明であるが、一定期間（1カ月〜半年）ごとにでも、本人の問題点について指摘の上改善を促す指導書を交付しておくと、法的紛争における事実認

定という点以前に、本人への指導的効果という点でも有効である。

　規定上の留意点としては、通常、従業員がその所属する企業内における格付け（等級）については、大別すれば、実際に遂行する職務内容に着目してのもの（一般に役職などと呼ばれるもの）と、職務能力に着目してのもの（職能など資格と呼ばれるもの）がみられるが、前者は就業規則上の根拠なしに引き下げる（降格する）ことができるが、後者は就業規則上の根拠が必要とされていることには注意が必要である（菅野和夫「労働法」）。

MEMO

無期転換後も手当なし、正社員と比べ不合理か

－井関松山製造所事件－　（松山高判令元・7・8）

弁護士　岡芹　健夫　　　　　　　　　　　　［労判 1208 号 25 頁］

　有期労働契約社員に対して家族手当などを支給しないのは不合理とした判決後、有期労働契約社員から無期転換社員に転換した従業員が無期労働契約社員（正社員）の就業規則が適用される地位確認等を求めた。高裁も損害賠償責任が生じ得るにとどまると判断したほか、無期転換社員の就業規則の制定前に労組と交渉した証拠はないなど、規則制定のみで賠償の支払い義務を負わないとはいえないとした。各手当がないのは違法だが、賞与に代えて「寸志」とする経営判断の合理性は認めた。

労働条件変わらず格差違法、損害賠償を命じる

 事案の概要

　Y社は、農業用機械器具の製造および販売等を事業目的とする株式会社である。

　X1〜X3（以下「Xら」）は、Y社の製造ライン業務の一端を担っている。

　Xらは、有期契約労働者として入社し、有期労働契約の更新を重ねた後、Xから無期労働契約の締結の申込みにより、平成30年9月1日より無期労働契約に転換した。Y社には、無期契約労働者の就業規則とは別に、無期転換社員の就業規則（以下「無期転換就業規則」）が存する。

　本件において争点となった賞与、家族手当、住宅手当、精勤手当（以下、総称する場合は「本件手当等」）に限って、Y社における賃金内容を説明するに、以下のとおりである。

　①賞与の支給対象者、支給対象期間、算定基準等は、Y社所定の「賞与支給規程」、「賞与支給基準」で決定される。Y社の業績に応じて決定される無期契約労働者の平均賞与額は、平成25年夏・冬季、平成26年夏・冬季で、約35万円〜38万円であった。

　②家族手当は、無期契約労働者に対しては、扶養家族の続柄に応じて支給される。

　③住宅手当は、無期契約労働者に対

しては、扶養者の有無および住宅の別に応じて支給される。

④精勤手当は、無期契約労働者のうち月給日給者で、かつ、当該月皆勤者に限り支給される。

本件各手当は、有期契約労働者には支給されない。賞与は、有期契約労働者本人の成績、Y社の経営状態および経済情勢を勘案し、有期契約労働者にも寸志を支給することがあり、Xらには、毎年7月および12月の2回にそれぞれ一律5万円（概ね、無期契約労働者の賞与平均額の7分の1）が支給されている。

Xらは、無期契約労働者との間で、賞与、本件各手当に関して、労契法20条に違反する不合理な相違が存在すると主張して、①Xらに無期契約労働者に関する就業規則等が適用される労働契約上の地位の確認、②本件手当等についての差額等の支払いを求めた。

一審判決（松山地判平30・4・24）は、賞与を除き、本件各手当につき有期契約労働者に支給しないことは、労契法20条に違反する不合理な相違であるとし、Y社に対して、無期契約労働者とXらとの差額の支払いを命じたが、地位確認については棄却した。この一審判決に対して、Xら、Y社双方が高

裁に控訴した。なお、本件控訴審においては、一審判決後の平成30年9月以降、Xらが無期契約に転換した後についても、地位の確認、差額の支払請求につき問題となった。

本件控訴審も、一審判決同様、地位確認については斥けたが、本件手当についての差額の支払請求は認容した。

 判決のポイント

有期労働契約のうち労契法20条に違反する労働条件の相違を設ける部分は無効と解されるものの、…同条の効力により当該有期契約労働者の労働条件が比較の対象である無期契約労働者の労働条件と同一のものとなるものではない…。もっとも、両者間における相違が不合理とされる場合…は、不法行為の成立は妨げられない。

賞与の性格を踏まえ、…有為な人材の獲得・定着を図るというY社の主張する人事施策上の目的にも相応の合理性が認められ…、無期…と有期契約労働者の職務の範囲等には相応の差異があること…などに照らせば、…有期契約労働者に対して無期契約労働者と同様の賞与を支給しないとの取扱いにつき、…20条に反するものとまではいえない。

家族手当が無期契約労働者の職務内容等に対応して設定された手当と認めることは困難である。配偶者及び扶養家族がいることにより生活費が増加することは有期契約労働者であっても変わりがないから、有期契約労働者に家族手当を支給しないことは不合理である。

Ｙ社の住宅手当は、住宅費用の負担の度合いに応じて…その費用負担を補助する趣旨であると認められ、…無期契約労働者の職務内容等に対応して設定された手当と認めることは困難であり、有期契約労働者であっても、住宅費用を負担する場合があることに変わりはない。…有期契約労働者には住宅手当を支給しないことは、不合理である。

Ｙ社の精勤手当の趣旨…は、月給者に比べて月給日給者の方が欠勤日数の影響で基本給が変動して収入が不安定であるため、かかる状態を軽減する趣旨が含まれる…。…有期契約労働者も、…欠勤日数の影響で基本給が変動し収入が不安定となる点は…変わりはない。…有期契約労働者に精勤手当を支給しないことは、不合理である。

各手当等の不支給を定めた無期転換就業規則は、…合理的なものであることを要するところ（労契法７条）、(1)

同規則制定前の有期契約労働者の労働条件と同一であること、(2)同規則の制定に当たって労働組合と交渉したことを認めるに足りる適切な証拠はなく、Ｘらが同規則に定める労働条件を受入れたことを認めるに足りる証拠もないこと…からすると、同規則の制定のみをもって、Ｙ社が支払義務を負わないと解するべき根拠は認め難い。

 応用と見直し

本件控訴審は、一審判決をほぼ踏襲したものであり、無期契約労働者と有期契約労働者の労働条件の相違については、家族手当、住宅手当、精勤手当といった各賃金項目の趣旨（それは、往々にして支給要件・条件によって類推されることが多い）と、その趣旨に沿った相違となっているか否か（無論、趣旨が職務内容や配置変更の可能性に鑑みてのものであり、無期契約労働者と有期契約労働者に上記２点につき相違があるような場合が、その典型例といえる）の検討が重要であることを示したものといえる。

また、本件における特有の説示として、有期契約労働者が無期契約労働者に転換した後においても、有期契約労働者の当時に通常の無期契約労働者

（正社員）と不合理な相違のある労働条件が認められ、そうした労働条件を無期契約労働者に転換した後も受け継いでいるような場合、無期契約労働者に転換したことを理由として、通常の無期契約労働者（正社員）との間の労働条件の相違が法的に問題とならなく

なるわけではない、という点がある。ただし、この点については、労契法20条は、文理上、有期契約労働者と無期契約労働者との間の労働条件の相違を想定しているとも解されるので、上級審での判断が待たれるところではある。

MEMO

計画的付与の協定無効だと上乗せ年休どうなる

－シェーンコーポレーション事件－（東京高判令元・10・9）

弁護士　中町　誠　　　　　　　　　　　　　［労判1213号5頁］

年休の残日数を超えて休んだとして、無断欠勤を理由に英会話講師が雇止めされた事案。入社半年後に年休を20日与え、15日を計画的付与していたが、労使協定は適法に結ばれていなかった。法定年休のみ時季指定が無効となり自由に取得できるとした一審に対し、高裁は、年休は一体として管理され、上乗せ部分を含め時季指定全体を無効と判断。雇止めの合理的な理由は認められないとした。

区別せず一体管理しており、欠勤扱いできない

 事案の概要

被控訴人（一審被告）は、控訴人（一審原告）との間で、期間を平成27年3月1日から平成28年2月28日までの1年間とする有期労働契約を締結して控訴人を雇用し、一度、契約を更新したが、契約更新を拒絶した（本件雇止め）。

控訴人は、労働契約法19条により契約が更新されたものとみなされると主張して、被控訴人に対し、労働契約上の地位の確認を求めるとともに、平成29年3月分以降、判決確定の日までの賃金等の支払いを求めた。

原審（東京地判平31・3・1）は、控訴人の請求を棄却したところ、控訴人が請求の認容を求めて控訴した。

更新拒絶の主たる理由として、被控訴人が計画年休を指定したにもかかわらず、控訴人にそれを無視した年休取得行為が多数みられた等があり、その是非等が争われた。

 判決のポイント

1、平成28年10月までに計画年休の労使協定が結ばれたことはないと認められる。また、同月に結ばれた10月労使協定も労働者側の講師代表3名は講師以外の従業員の代表ではなかった上、事業場である学校ごとに選ばれたものではなく、複数校をまとめたエリアごとの代表であったから、事業場

－22－

の労働者の過半数を代表する者（労働基準法 39 条 6 項）に当たるとはいえず、…（同項の）要件を満たす労使協定とはいえない。

控訴人に与えられた法定年次有給休暇について、その時季を被控訴人が指定することはできず、控訴人を含む従業員が自由にその時季を指定することができた。

2、被控訴人は、計画的有給休暇付与制度が無効とされるのであれば、有給休暇として 20 日を与える旨の規定も無効であるとも主張するが、有給休暇の日数とその時季の指定とは別の問題であるから、被控訴人の主張は採用できない。

3、就業規則において、法定年次有給休暇を超える年間 20 日の有給休暇を与えると定めているところ、…当該会社有給休暇は、労働基準法の規律を受けるものではないから、被控訴人がその時季を指定できる。しかし、本件では被控訴人が法定年次有給休暇と会社有給休暇を区別することなく 15 日を指定（編注：計画的付与）しており、そのうちのどの日が会社有給休暇に関する指定であるかを特定することはできない。…上記の指定は、全体として無効というほかなく、年間 20 日の有給休暇の全てについて、控訴人がその

時季を自由に指定することができるというべきである。

4、控訴人が有給休暇として取得した休暇について、正当な理由のない欠勤であったと認めることはできない。その他、被控訴人は、種々の主張をするが、…雇止めをするかどうかの判断に際して重視することを相当とするようなものとは認められない。本件雇止めは、客観的に合理的な理由を欠き、社会通念上相当であるとは認められない。

 応用と見直し

1、本件は、法定年休と法定外年休が混在する計画年休制度において、労使協定が無効の場合に使用者が時季指定した効力はどうなるかが主たる争点となった事案である。

原審は、法定年休部分は労使協定に瑕疵があれば労基法違反で無効になるが、法定外年休部分はなおその効力（時季指定）は有効とした。労基法 13 条は、労基法違反について「その部分については無効」とする。原審は、労基法 13 条に忠実に、本件の法定年休部分のみ無効として、「計画的年休とした 15 日間に法定有給休暇を当てることはできないが、会社有給休暇は被告

の承認した日すなわち計画的年休とした日に限り取得することができ、従業員が希望する時季に取得することはできず、法定有給休暇についてのみ従業員が希望する時季に取得することができると解するのが相当」として、それに反する控訴人の年休取得を「理由のない欠勤」と判断した（さらに更新拒否の理由としても容認）。

　ところが、控訴審判決は、法定外年休部分は、労基法の規制外であることを認めつつ、「その部分」のみ無効とせず、本件計画年休の指定全体を無効としたのである。

　その論拠は、本件会社が、本件計画年休について、法定年休部分と法定外年休（会社有給休暇）部分を区別して指定せず、特定していないとの点にある。確かに、本件において被控訴人は上記を区別して指定してはいない。しかし、これは本件に特有なことではなく、おそらく多くの企業で実務上行っていることであろう。その趣旨は（もちろん実務上きわめて煩雑であるということもあろうが）、計画年休期間の具体的な法定年休と法定外年休の充当については、使用者側にそこまで区別し指定する実益はなく、労働者にその選択を完全に委ねているからと解される（ちなみに、本来の年次有給休暇の

時季指定権についても、法定外と法定の年休が混在する場合の処理は、明確な定めがなければ、労働者に有利な取扱いを推認すべしとの説が有力である）。そして、このように労働者に充当の選択権を委ねる計画年休の指定も、法的にみれば十分に特定していると解され、本判決の判断は大いに疑問がある。

　本件は高裁判決でもあり、その実務的な影響は甚大である。上級審において、その点の見直しが求められる。

　2、なお、本件の周辺の論点として（法定年休の）計画年休に関する労使協定の要件についても争いがある。裁判例としては全日本空輸事件（大阪地判平10・9・30）があり「協定中には計画年休を与える時季及びその具体的日数を明確に規定しなければならない」との厳格な立場を打ち出している。

　一方、これに対し、通説および通達（昭63・1・1基発1号）は緩やかであり、各労働者に具体的な休暇日を特定せずに年休取得計画作成の時季、手続き等のみを定める労使協定であっても計画年休協定に該当するとされている。

　3、本件判決は、労働契約上の地位を認め、判決確定までの賃金の支払いを命じた。

このように有期労働契約を締結した労働者の地位確認訴訟において、判決時にすでに契約期間を満了した場合の処理について最高裁（令元・11・7、186ページ参照）は、契約期間の満了により当該労働契約の終了の効果が発生するか否かを判断すべしとしている。当該事案は、有期労働契約期間中に解雇された事案であり、本件は更新拒否の事案であるので、同一には扱えないとの論もあり得るが、この点の処理も再検討を要する点である。

（後注）

その後、最高裁は被控訴人の本件上訴を退けた（最決令2・1・28）。本件控訴審判決の詳細な検討については、拙稿ジュリスト1552号116ページを参照されたい。

MEMO

育休中に原職消滅、

リーダーから外され違法？

―アメックス（降格等）事件―（東京地判令元・11・13）

弁護士　牛嶋　勉　　　　　　　　　　　　　　　　［労経速 2413 号 3 頁］

　育休前は営業部門のチームリーダーだった女性が、復帰後にリーダーから外されたのは違法無効と訴えた。所属チームは育休中の組織再編で消滅していた。東京地裁は、ジョブバンド（職能等級）の低下を伴わない役職の変更を不利益な降格でないと判示。復帰後に新チームが発足したが、会社は勤務態度も考慮したうえですでにリーダーに相当する役職へ配置しており、通常の人事異動の範囲とした。

同じ職務等級で不利益否定、通常の人事異動の範囲

 事案の概要

　原告は、被告会社の個人営業部の東京のベニューセールスチームのチームリーダーとして勤務していたが、平成27年7月出産し、平成28年7月まで育児休業等を取得した。被告は、平成28年1月、ベニューセールスチームを4チームから3チームに集約するとともに、アカウントセールス部門を新設し、これにより原告チームは消滅した（本件措置①）。原告は、平成28年8月、育児休業等から復帰し、被告は、原告を新設したアカウントセールス部門のマネージャー（バンド

35）に配置した（本件措置②）。

　被告は、平成29年1月、ベニューセールスチームを3チームから2チームに更に集約するとともに、アカウントセールスチームにリファーラルセールスを担うチームを併合して、リファーラル・アカウントセールスチームを新設し、そのチームリーダーとしてAを配置した（本件措置③）。

　原告は、本件訴訟を提起し、育児休業等の取得を理由としてチームリーダーの役職を解かれ、アカウントマネージャーに任命されるなどの措置を受けたことが、均等法9条3項および育介法10条、就業規則等または公

序良俗（民法90条）に違反し、人事権の濫用であって違法・無効であるとして、①主位的に、ベニューセールスチームのチームリーダー（バンド35）またはその相当職の地位にあることの確認を求め、②予備的に、アカウントマネージャーとして勤務する労働契約上の義務が存在しないことの確認を求めるとともに、③不法行為または雇用契約上の債務不履行に基づき、損害賠償金の支払等を求めた。

 判決のポイント

原告チームが消滅した一事をもって、原告からチームリーダーの役職を解かれたとか、原告の所属が不明な状態に置かれたとみることはできず、…本件措置①は、降格として、均等法9条3項、育介法10条所定の「不利益な取扱い」に当たるということはできない。

本件措置②の前後を通じて原告のジョブバンドはバンド35であることや、アカウントマネージャーの業務内容は○○セールス部門のチームリーダーが行っていた新たな販路の開拓に関する業務と相当程度共通する内容であることなどの事情に照らせば、本件措置②による異動は、原告を原職である○○セールス部門のチームリーダーに相当する役職に配置したもので、被告における通常の人事異動とみることができる。…本件措置②による異動は、…降格又は不利益な配置変更として、…所定の「不利益な取扱い」に当たるということはできない。

被告は、平成29年組織変更において、東京のベニューセールスチームについて3チームから2チーム…としたが、チームリーダーの在任期間や家庭の事情から残存するチームのチームリーダーを変更することが困難であったため、原告の配置先についてはアカウントセールス及びリファーラルセールスを担当する新設チームへの配置を検討することとなり、そのチームリーダーの人選について…原告の復帰後の勤務態度等を考慮し、他方でAの実績を考慮して、同人を同チームのチームリーダーとし、原告をアカウントマネージャーとして配置したのである。…本件措置③は原告の育児休業等の取得を理由としてされた措置であるということはできない。

本件措置①②及び同③が執られた営業上の必要性等に照らして、原告が被った不利益が極めて大きく、育児休業等の取得に対する抑制力が過剰に強いということはできない。…本件措置

— 27 —

①②及び同③が公序良俗に違反し又は人事権の濫用として違法・無効であるとはいえない。

 応用と見直し

関連する裁判例

最近、本判決を含めて、妊娠・出産・産休や育児休業等に関連する紛争が目に付く。

やや遡るが、広島中央保健生協事件（最一小判平26・10・23）は、副主任の職位にあった理学療法士が妊娠中の軽易な業務への転換に際して副主任を免ぜられ、育休後も副主任に任ぜられなかった事案について、…妊娠中の軽易業務への転換を契機として降格させる事業主の措置は、原則として均等法9条3項の禁止する取扱いに当たるが、自由な意思に基づいて降格を承諾したものと認めるに足りる合理的な理由が客観的に存在するとき、または前記措置につき同項の趣旨及び目的に実質的に反しないものと認められる特段の事情が存在するときは、同項の禁止する取扱いに当たらないと判断し、審理を高裁に差戻した。

ジャパンビジネスラボ事件（東京地判平30・9・11、東京高判令元・11・28（74ページ参照））は、育休が終了する正社員と締結した期間1年の契約社員契約と1年後の雇止めが争われた事案である。有期契約への変更については、一審・二審ともに、均等法9条3項・育介法10条の不利益取扱いに当たらないとしたが、雇止めについては、一審は無効とし、二審は有効とした。

フーズシステムほか事件（東京地判平30・7・5）は、無期雇用契約で事務統括の役職にあった原告が、降格され、妊娠・出産を契機として、パート契約（有期契約）への転換を強いられ、最終的に解雇されたとして争った事案である。妊娠を理由とする降格との主張は否定したが、パート契約の締結は育介法23条の所定労働時間の短縮措置を求めたことを理由とする不利益取扱いとして無効であり、解雇も無効と判断した。

医療法人充友会事件（東京地判平29・12・22）は、原告が、出産のため休業中、一方的に退職と扱われ、育児休業給付金等の受給を妨げられたと主張した事案について、原告は職場復帰する意思を表示していたが、理事長は一方的に退職扱いにしたとして退職の効力を否定し、育児休業給付金相当額等の損害賠償を肯定した。

シュプリンガー・ジャパン事件（東京地判平29・7・3）は、妊娠等と近接する解雇について、客観的に合理的な理由を欠き、社会通念上相当であるとは認められず、また、被告は、そのことを当然に認識するべきであったから、均等法9条3項および育休法10条に違反し、解雇は無効と判断した。

実務上の留意点

妊娠・出産等を理由とする不利益取扱いや育休を理由とする不利益取扱いが禁止されていることは当然であろう。しかし、近年、それらの違反を理由とする訴訟が目に付く。企業は、そのような疑いを招くことのないよう配慮する必要がある。

MEMO

ホームページの募集条件より賃金低いと訴える

－カキウチ商事事件－ （神戸地判令元・12・18）

弁護士　岩本　充史　　　　　　　　　　　　　　［労判1218号5頁］

会社ホームページの求人欄では「月給35万円」だったとして、元トラック運転手が実際に支給された賃金との差額を求めた。労働条件は書面で明示されなかった。神戸地裁は、職安の求人票では手当を含め35万円以上と記載されていたほか、面接時の説明などから基本給と認識していたとは認められないと判断。運送会社の勤務歴があり、賃金体系を把握、認識していたことも考慮した。

面接時の説明から基本給と認識していなかったと判断

 事案の概要

本件は、Y（運送事業者）の従業員（トラック運転手）であったX1およびX2が、Yに対し、労働契約に基づき、未払賃金等の支払いを求めた事案である。

Yが、平成28年1月6日受付（紹介期限3月31日）でハローワークに申し込んだ求人票には、「15トンウイングトラック運転手（正社員）として、基本給13万円～15万円、基本給＋精務給＋各種手当で35万円～、試用期間は3カ月で、その間、日給9000円～（経験・能力による）」との記載があった。

Xらは、Yに入社する前に別会社でトラック運転者として就労し、Xらはそれぞれ3カ月平均で約30万円程度（うち基本給約14万程度）の賃金を得ていた。

X1は、同年5月下旬に別会社よりもYの方が賃金が高いと聞き、Yのホームページを確認すると、大型ドライバーで月給36万円以上との条件が記載されており、Xらは、Yの採用面接に臨んだ。面接では、取締役が労働条件を説明し、Xらは試用期間が通常3カ月で、試用期間中には日給9000円であるとの説明を受けた。

X1は同年6月17日から、X2は6月15日から、それぞれYで就労し、YはXらに日給9000円に就労日数を乗じた金員を支払った（X2について、

4日間は関東以外の2人乗車の就労であったため日給6000円)。

X らは、7月に交付された給与明細をみて、採用面接時にトラックドライバー経験者であるから試用期間は1カ月で、それが経過したら賃金が35万円になる旨の説明を受けたはずである等と考え、支給額が採用面接時の説明と相違すると考えた。そこで、X らは Y に抗議したところ、8月7日に説明会が開催されたが、従業員側から不平や不満が噴出し、収拾が付かないため、個別面談に切り換えられた。Y は、X1 に対しては、試用期間を短縮し、その後は基本給が13万〜15万で、売上げの15％が加算されるが、月給35万円は保証できないと述べた。また、Y は、X2 には、日給9000円と6000円の差額は支払うこと、試用期間中の関東以外の2人乗車の場合には日給は6000円で、試用期間満了後は基本給と歩合給になることを説明し、これを受け入れられない場合には退職しても構わないと述べた。そして、X らは、Y が予め用意した有期雇用契約書(期間7月1日〜8月7日、日給9000円等と記載)にそれぞれ署名した。

X らは、8月8日以降、Y に出勤せず、X1 は9月12日から、X2 は10月14日から別の会社で就労を開始した。

争点は①試用期間の終了時期、賃金額等と②実労働時間数、割増賃金等の請求であるが、①について紹介する。

 判決のポイント

X らが Y 入社前に見た Y のホームページには大型ドライバーで月給36万円以上との条件が記載されていたが、…Y が1月にハローワークに申し込んだ求人票には「基本給13万円〜15万円、基本給＋精務給＋各種手当で35万円〜」と記載されており、入社前の面接の際、…基本給のみで35万円との説明をすることはにわかには考え難いこと、X らは、Y 入社前、Y と同業の訴外会社に勤務し、運送会社の賃金体系を把握しており、X1 も、基本給が月額35万円ではなく、手取りで月額35万円と認識していた旨を供述し、時間外手当等を含めないと月額35万円に届かないことを認識していたことからすると、X らが基本給月額35万円であると認識していたものと認めることはできない…。Y 入社時、X らも基本的に試用期間が3か月であることを聞いていたこと、…X らは、Y 側と個別面談でやりとりをした

直後、研修期間用として雇用期間を7月1日から8月7日まで、日給9000円との内容の契約書に署名したことが認められる。

　Xらの労働契約において、少なくとも8月7日までは試用期間であり、試用期間中は日給9000円であったと認めるのが相当であり、Xらの上記主張は採用できない。

 応用と見直し

1　はじめに

　使用者は、労働契約の締結に際し、労働者に対して賃金、労働時間その他の労働条件を書面で明示しなければならないとされている（労基法15条・労基則5条）。この趣旨は、労働契約の内容を明らかにし、労働契約の内容に疑義が生じ将来において紛争発生を予防することにあり、この明示義務に違反した場合には、罰則が予定されている（労基法120条1号）。募集段階でも労働条件明示義務が課されている（職安法5条の3。なお、平成30年1月1日施行の職安法では試用期間の有無も明示しなければならない事項となっている）。

　本件は、Yがハローワークに提出した求人票およびYがXらを採用する際に口頭で労働条件が明らかにされていたが、採用時に書面で労働条件を明示していなかったために発生したものと考えられる。

2　雇入れの際に労働条件明示書を交付していない場合に労働契約内容はどのように確定されるのか

　労働契約自体は労使の合意により成立するのであり（労契法6条）、特段、契約書を取り交わすことは必要ではない。しかし、労働条件の明示がなされていない場合に労働契約の内容に関して紛争が生じた場合には、どのような労働条件なのかを特定する必要がある。

　労働条件の内容を特定するためには、労使が労働契約を締結した時点での双方の意思を探求することになるが、求人票が存在する場合には、求人票の内容は、労働契約内容を特定するうえで重要な証拠といえるであろう。なぜなら、求職者は、求人票をみて求人者（使用者）に応募し、採用面接等で特段求人票で明示した労働条件について変更を加えていない限り、当該求人票の記載のとおりの労働条件で労働契約を締結することが通常の当事者の

意思であると考えられるからである。裁判例でも求人票や募集広告の記載内容を重視した判断がなされている（たとえば、退職金について丸一商店事件＝大阪地判平 10・10・30、賃金について美研事件＝東京地判平 20・11・11 等）。

　本判決においては、求人票の記載内容、採用面接の際の Y の説明内容、有期契約の記載内容等を踏まえて X ら とY との労働契約の内容を判断した。この判断の手法自体に異存はないと思われるが、当該求人票の内容を X らが認識していたかが不明であり、本件において求人票を踏まえて Y と X らの労働契約の内容の特定に用いることには異論があろう。いずれにせよ、労働条件明示書の交付の重要性を再認識させられる事案である。

MEMO

契約社員に諸手当や休暇なし、最高裁の判断は継続勤務見込まれ扶養手当

－日本郵便（東京・大阪・佐賀）事件－（最一小判令2・10・15）

弁護士　中町　誠　　　　　　　　　　　　　　　　　　　　　［最高裁WEB］

　契約社員が、正社員との待遇の格差は不合理であり旧労働契約法20条に反するとして損害賠償を求めた3件の上告審。最高裁は、諸手当の性質や支給目的を踏まえ不合理性を判断した。扶養手当を支給する目的には長期勤続への期待があり、継続勤務が見込まれる契約社員も条件は合致するとした。病気休暇は、日数の相違を設けることはともかく、無給とすることは不合理としている。

諸手当の性質や支給目的を踏まえ不合理性を判断

 事案の概要

　本件は、日本郵便の契約社員14人が、正社員との待遇差を旧労働契約法20条に定める不合理な労働条件に当たるとして東京、大阪、佐賀各地裁に提訴した事件の上告審の判断である（各高裁判決で判断が一部異なっていた）。

 判決のポイント

1　佐賀事件（夏期冬期休暇）

　正社員に対して夏期冬期休暇が与えられているのは、年次有給休暇や病気休暇等とは別に、労働から離れる機会を与えることにより、心身の回復を図るという目的によるものであると解され、夏期冬期休暇の取得の可否や取得し得る日数は上記正社員の勤続期間の長さに応じて定まるものとはされていない。そして、郵便の業務を担当する時給制契約社員は、繁忙期に限定された短期間の勤務ではなく、業務の繁閑に関わらない勤務が見込まれているのであって、夏期冬期休暇を与える趣旨は、上記時給制契約社員にも妥当するというべきである。そうすると、両者の間に夏期冬期休暇に係る労働条件の

相違があることは、不合理であると評価することができる。

2 大阪事件

(1)年末年始勤務手当

年末年始勤務手当は、12月29日から翌年1月3日までの間において実際に勤務したときに支給されるものであることからすると、同業務についての最繁忙期であり、多くの労働者が休日として過ごしている上記の期間において、同業務に従事したことに対し、その勤務の特殊性から基本給に加えて支給される対価としての性質を有するものであり、所定の期間において実際に勤務したこと自体を支給要件とし、その支給金額も、実際に勤務した時期と時間に応じて一律である。…これを支給することとした趣旨は、本件契約社員にも妥当するものであり、両者の間に年末年始勤務手当に係る労働条件の相違があることは、不合理であると評価することができる。

(2)年始期間の勤務に対する祝日給

祝日給は、祝日のほか、年始期間の勤務に対しても支給されるものであり、最繁忙期であるために年始期間に勤務したことについて、その代償として、通常の勤務に対する賃金に所定の割増しをしたものを支給することとさ

れたものと解される。本件契約社員は、有期労働契約の更新を繰り返して勤務する者も存するなど、繁忙期に限定された短期間の勤務ではなく、業務の繁閑に関わらない勤務が見込まれている。そうすると、年始期間における勤務の代償として祝日給を支給する趣旨は、本件契約社員にも妥当するというべきである。そうすると、両者に祝日給に関し労働条件の相違があることは、不合理であると評価することができる。

(3)扶養手当

郵便の業務を担当する正社員に対して扶養手当が支給されているのは、長期にわたり継続して勤務することが期待されることから、その生活保障や福利厚生を図り、扶養親族のある者の生活設計等を容易にさせることを通じて、その継続的な雇用を確保するという目的によるものと考えられる。上記目的に照らせば、本件契約社員…も、扶養親族があり、かつ、相応に継続的な勤務が見込まれているのであるから、扶養手当を支給することとした趣旨は妥当するというべきである。…両者の間に扶養手当に係る労働条件の相違があることは、不合理であると評価することができる。

3　東京事件（有給の病気休暇）

　私傷病により勤務することができなくなった郵便の業務を担当する正社員に対して有給の病気休暇が与えられているのは、正社員が長期にわたり継続して勤務することが期待されることから、その生活保障を図り、私傷病の療養に専念させることを通じて、その継続的な雇用を確保するという目的によるものと考えられる。上記目的に照らせば、郵便の業務を担当する時給制契約社員についても、相応に継続的な勤務が見込まれているのであるから、私傷病による有給の病気休暇を与えることとした趣旨は妥当するというべきである。したがって、私傷病による病気休暇の日数につき相違を設けることはともかく、これを有給とするか無給とするかにつき労働条件の相違があることは、不合理であると評価することができる。

 応用と見直し

　本件は、日本郵政の諸手当等の待遇の差異について、旧労契法20条に定める不合理な労働条件かどうか最高裁が逐一判断した重要判決である。ちなみに旧20条は、パート・有期雇用法

8条に承継されており、基本的には同8条の解釈にも妥当する判断というべきである。判断の手法としては、すでにハマキョウレックス最高裁判決（平30・6・1）で明らかにされたとおり「個々の労働条件の趣旨を個別に考慮する」ことが重視され、「夏期冬期休暇」「年末年始勤務手当」「年始期間の勤務に対する祝日給」「扶養手当」「有給の病気休暇」について、それぞれの趣旨に照らして、有期雇用労働者にその待遇が欠如することの不合理性を認めた。

　本件の待遇のうち、最も注目されたのは、「同一労働同一賃金ガイドライン」に具体的な言及のない「扶養手当」（家族手当）の扱いである。本判決は、その目的を「継続的な雇用を確保する」ものとして、「相応に継続的な勤務が見込まれる」実態にある契約社員（個々人の趣旨ではなく当該契約社員グループ全体の傾向を指すと解される）についても妥当すると判示した。さらに「継続的な雇用を確保する」目的の有給の病気休暇についても、相応に継続性のある契約社員についてはその趣旨が妥当し、正社員の同制度が契約社員にないことも不合理と判断している。ちなみに、大阪医科薬科大学事件（最三小判令2・10・13）では、正社員の病

気欠勤について一部有給としながら、長期雇用を前提とした勤務を予定しているとはいい難いアルバイト職員について、私傷病による欠勤中の賃金を支給しないことの不合理性は否定されている。

　有期雇用労働者の中でも、相応に継続性がある労働者（前述のとおり、個々人ではなく、当該有期労働者グループ全体の傾向を指すと解される）の場合と、そうでない場合で、「継続的な雇用を確保する目的」の待遇（「扶養手当」「家族手当」「病気休暇」など）での不合理性の判断が異なることに注目したい。病気休職について前掲ガイドラインでは、雇用の継続性の如何を問わず、契約期間を踏まえた病気休職の設定を求めており、最高裁の判断とは明らかに異なる。実務上の混乱がないようこの点の調整も求められよう。

MEMO

高速道路の SA 滞在中も貨物監視し

労働時間？

－三村運送事件－　（東京地判令元・5・31）

弁護士　渡部　邦昭　　　　　　　　　　　　　　　　［労経速 2397 号 9 頁］

　トラックの長距離運転手が、サービスエリアの滞在時間も、顧客対応や荷物を常時監視するなど労働時間と主張して、割増賃金等を求めた。東京地裁は、車内で睡眠や飲酒したり、外へ出て入浴や食事などしており、業務から解放されて自由に利用できる状態とした。貨物を監視する規定や具体的指示はなく、荷物は重量物で盗難の可能性は低いなど、常時監視が義務付けられているとはいえない。

業務から解放されて「自由」、監視の規定や指示もない

 事案の概要

　会社の作業員として貨物自動車（トラック）の運転業務等に従事する労働者甲ら（9人）が、平成26年7月16日～平成28年8月15日までの期間について、未払割増賃金等の支払いを求めた。

　本件で問題となったのは、甲らが長距離運行に際して高速道路上に設置されているサービスエリアやパーキングエリア（以下「SA等」）並びにトラックステーション（主にトラック運転手向けに食事・休憩・仮眠・入浴等のサービスを提供する施設）、ホテル等の宿泊・休憩施設（これらの施設を併せて以下「休憩施設等」）に滞在している時間が労基法上の労働時間に該当するかどうか、という点にあった。

　判示によると、甲らは、SA等において、車内で睡眠、食事、飲酒をしていたほか、テレビをみたり、トラックを駐車したうえで手洗いに行き、飲食物を購入したり、休憩施設等では入浴や食事をして過ごしていた。また、会社は甲らに対して、SA等や休憩施設等においてトラックから離れたり、睡眠・飲食や入浴を特に禁止しておらず、休憩・宿泊等の時期・場所等も逐一指示することはなく、甲らの裁量に委ね

ていた、と認定されている。

 判決のポイント

(1) 労働時間とは

「労働者が実作業に従事していない時間であっても、労働契約上の役務の提供が義務付けられていると評価される場合には、労働からの解放が保障されているとはいえず、労働者は使用者の指揮命令下に置かれていたものとして、労働時間に当たるものと解するのが相当である」。

(2) 休憩施設等の滞在時間は労働時間か

「甲らは…積載貨物を常時監視しなければならない職務上の義務がある旨主張する…が、労働契約や就業規則等を見ても、…規定等の存在は認められない。また、会社が…監視するように指示したことはなく、…明示的な積載貨物の常時監視義務を認めるに足りる事情はない。また、積載貨物は主に約350キログラムから約500キログラムの重量のある医療用精密機械で…、盗難の可能性が高いとみることはできないし、…貨物の性質上からして常時監視が必要となるような性格のもので

もない。積載貨物の価額や盗難の可能性等を起点として…常時監視することが義務付けられていると解すべきことにもならない。（甲らの休憩施設等に滞在中の態様に鑑みれば）休憩施設等滞在時間は、…業務から解放されて自由に利用できる状態に置かれた時間である…」。

「甲らは、…SA等において、①取引先等からの問合せに対する対応、②運転手間の荷物の受渡しや積替え等…に従事したり、③上記②の作業のために待機…しているとした上で、休憩施設等滞在時間は労働時間に該当する旨主張し、…更に、④積載貨物の状況確認、⑤積載貨物の固定作業、⑥運行日報の作成、…を行う旨供述する。

しかしながら、①…は恒常的に生じていたとは認め難い。⑥は、単に停車するSA等の場所とその出入りの時間を…記載するのにそれだけの時間（約10分）を要するとは考え難い。甲らのSA等において種々の作業を行っている旨の供述は直ちに措信し難い…。そして、運行日報等を見ても、甲らが…恒常的に上記作業に一定時間従事したことを窺わせる記載は見当たらず、…的確な証拠はない。

仮に甲らが…SA等で上記作業を行うことがあったとしても、…恒常的に

— 39 —

行っていたとは認められないことに鑑みると、業務から解放されて自由に利用できる状態に置かれた時間と上記作業の時間とを峻別することができていないといわざるを得ない」。

「甲らが、長距離運行中休憩施設等に滞在する間、労働からの解放が保障されており、労働者は使用者の指揮命令下に置かれていたとはいえないから、休憩施設等滞在時間は労働時間に該当しない」。

 応用と見直し

労基法32条の労働時間とは、三菱重工業長崎造船所事件（最一小判平12・3・9）によれば、「労働者が使用者の指揮命令下に置かれている時間をいい、それは、労働者の行為が使用者の指揮命令下に置かれたものと評価できるか否かにより客観的に定まるものであって、労働契約、就業規則、労働協約等の定めのいかんにより決定されるべきものではない…。労働者が、就業を命じられた業務の準備行為等を事業所内において行うことを使用者から義務付けられ、またはこれを余儀なくされたときは、当該行為を所定労働時間外において行うものとされている場合であっても、特段の事情のない限り、

使用者の指揮命令下に置かれたものと評価することができ、当該行為に要した時間は、それが社会通念上必要と認められる限り、労基法上の労働時間に該当する」と定義している。

また、不活動時間においても、労働契約上の役務の提供が義務付けられている場合には、労働からの解放が保障されているとはいえず、労働者は使用者の指揮命令下に置かれていることとなるので、当該時間は労基法上の労働時間に当たる（大星ビル管理事件＝最一小判平14・2・28）。

他方で、警備会社における24時間連続勤務の警備員に4時間設けられている仮眠時間について、その時間は、仮眠室における待機と警報や電話等に対して直ちに相当の対応をすることが労働契約上の義務となっていたとしても、実作業への従事の必要性が皆無に等しいなど実質的に警備員として相当の対応をすべき義務付けがなされていないと認めることができる場合には、その仮眠時間は労働時間には当たらない（ビル代行事件＝東京高判平17・7・20）。

さらに、トラックの運転業務において、出荷物の荷積み、配送先における荷卸しの手待時間について労働時間性が認められている。手待時間と休憩時

間の区別は、使用者の指示があれば直ちに作業に従事しなければならない時間として、作業上の指揮命令下に置かれているか、離脱している（労働から解放されている）自由利用時間か、という点にある。

本判決は、SA等の滞在時間について待機時間の実態も全くないことから、使用者の指揮命令下にはなく、労働から解放された不活動時間であると判断した。未払残業代請求事件の中で、労働時間か、不活動時間か、休憩時間か、拘束時間か等々をめぐって争われ、問題となる微妙なケースが少なからず存する。労務管理担当者においては、実務上の参考になると思われる。

MEMO

割増賃金含めて日当1万円は無効と未払分請求

ーザ ニドム事件ー（札幌地裁苫小牧支判令2・3・11）

弁護士　渡部　邦昭

［労経速2417号23頁］

固定残業代込みで日当1万円の条件に合意していないとして、ドライバーが未払いの割増賃金があると争った。裁判所は、採用面接時にその旨説明したうえで契約書でも割増分を分けて記載し、署名押印があることから固定残業代の合意を有効と判断。基本給は最低賃金ラインだった。退職時に割増賃金は支給済みとの書面を提出したが、請求権を放棄したとは認めなかった。

面接時に制度説明、署名押印あるとし固定残業代認める

 事案の概要

会社の顧客および従業員の送迎等を行うドライバーとして勤務していた労働者甲が、会社に勤務していた平成28年7月1日〜同29年10月31日まで（以下「本件請求期間」という）の時間外労働等（時間外労働、休日労働および深夜労働）に対する割増賃金の未払いがあると主張して、その支払いを求めた事案である。

会社は、ゴルフ場等スポーツ施設の設置運営、ホテル等宿泊施設の設置運営を業とする株式会社である。

甲は、平成28年3月1日、会社との間で、概要次の条件で雇用契約を締結した。

労働時間〈1日8時間〉、始業およ

び終業時刻〈シフト制〉、休日〈4週間を通じ6日〉、給与額〈日当9000円の日給制〉（ただし、平成28年5月以降は日当1万円の日給制に変更された）、給与支払日〈翌月20日支払い〉。

業務の内容は、従業員（主にゴルフ場のキャディー）の送迎（出社および帰社のため、苫小牧市内の従業員が乗車するバス停とゴルフ場等との間を送迎する業務）と、顧客の送迎（所定のホテルや空港とゴルフ場との間を送迎する業務）である。

甲は、ゴルフ場のある苫小牧市内に居住しており、自宅付近の駐車場から出庫することが多かった。甲を含むドライバーは、勤務日前日の夕方頃、上司であるマネージャーから翌日の業務内容、業務時間等の予定が記載された

車両日程表の交付を受け、業務内容等の予定を把握していた。車両日程表には、ドライバーが、従業員らの乗車を開始すべき時間や送迎先に到着すべき時間等が記載されていた。

また、甲を含むドライバーは、運転日報に自身が実際に行った業務内容、業務時間等を記載して、上司のマネージャーに提出していた。

本件では、①実労働時間数に関し、始業時刻、休憩時間および運転業務に付随する業務の所要時間数、②固定残業代合意の有効性、③甲が割増賃金の請求がない旨の書面、会社との間で債権債務のない旨の書面を提出していることから割増賃金請求権を放棄したと認められるか否か等が争点になった。

本判決はおよそ以下のように判示し、甲の請求の大半（360万円あまりの請求中、4000円あまりを認容）を斥けた。

 判決のポイント

①について、運転日報は、甲が、実際に行った業務内容、業務時間等を自ら記載して会社に提出していた書面であるから、運転日報に基づき甲の実労働時間を算定するのが相当である。…甲が、本件請求期間中、20回程度突発的に運転業務以外の業務に従事したからといって、…直ちに、運転業務の待ち時間の全てについて会社の指揮監督下にあったと推認することは困難である。また、証人…は、突発的な業務が発生したときに、Z1マネージャーが休憩中のドライバーに対して、業務を依頼することがあったものの、ドライバーは、依頼を断ることができた旨、休憩時間は何をしてもいい時間で外出することもあった旨を証言している。これらの事情に照らすと、甲が、休憩時間中も会社の指揮命令下にあったと認めるに足りず、その他、これをうかがわせる事情もない。…甲の実労働時間を算定するに当たって、…運転日報に記載されたものに限って考慮するのが相当である。…点検業務の所要時間は、多く見積もっても1回5分程度、…車内清掃業務の所要時間について、…送迎した業務の2回に1回の頻度として、1回5分程度とするのが相当である（編注：洗車業務、給油業務を考慮することは困難、修理業務を考慮することは相当でない）。

②について、会社の人事係担当者及びZ1マネージャーが、甲に対し、採用前の面接時において、原告の給与体系が日給制であり、日給の中には基本給と固定残業代部分が含まれることな

どを説明し…、仕事の内容や給与条件の内容等について説明をしたことが認められる。平成28年9月30日に退職した際には、甲と会社との間で、従前と同様の条件でスポット的に勤務する旨の合意がなされ、その間、基本日給6288円、割増分日給3712円相当の給与が支払われたのであるから、…甲と会社は、固定残業代の基本日給額と割増分日給額を変更する旨の合意をしたものと認められる。甲が基本日給、割増分日給等が明記された「雇用契約書兼労働条件通知書」に複数回署名押印し…合意があったとの認定は左右されない。…形式的にも実質的にも基本給部分と固定残業代部分が明確に区分されていないとはいえない。

③について、会社は、固定残業代部分を超える割増賃金がないことを前提として、その確認を求める趣旨で、社員に対して申出書に署名することを求めているのであって、甲が「申出書」等に署名をしたことから、甲が一切の割増賃金請求権を放棄したと解釈することは困難であり、その他、甲が一切の割増賃金請求権を放棄したと認めるに足りる事情もない。

 応用と見直し

労働基準法37条の割増賃金が支払われたという場合、労働者に支払われる基本給や諸手当にあらかじめ含まれることにより割増賃金を支払うという方法（定額残業代あるいは固定残業代といわれる）がある。こうした方法は、直ちに労働基準法37条に違反するとはいえないが、それが合法であるというためには、通常の労働時間の賃金に当たる部分と同条の定める割増賃金に当たる部分とを判別できること（明確区分性ないし判別要件）、そして、判別された割増賃金に当たる部分の賃金は同条等により算定される金額以上であること（金額適格性）とされてきた（高知県観光事件＝最二小判平6・6・13、テックジャパン事件＝最一小判平24・3・8、国際自動車事件＝最三小判平29・2・28、最一小判令2・3・30、医療法人社団康心会事件＝最二小判平29・7・7）。

また、日本ケミカル事件（最一小判平30・7・19）でも、雇用契約上のある手当が、時間外労働、休日労働および深夜労働に対する対価として支払われるものとされているか否かは、雇用契約に係る契約書等の記載内容のほか、使用者の労働者に対する当該手当

や割増賃金に関する説明の内容、労働者の実際の労働時間等の勤務状況などの事情を考慮して判断するとしており、本判決も一連の最判の判断基準に沿ったものであり、妥当と思われる。固定残業代の有効性については、一連の判例の実績により定着化が進んできたように思われる。

MEMO

残業すると歩合給減る仕組み有効とした判断は

－国際自動車事件－ （最一小判令2・3・30）

弁護士　石井　妙子　　　　　　　　　　　　　　　　　　　[最高裁WEB]

　残業すると歩合給から「割増金」が控除される賃金規則は無効だとして、タクシー運転者が割増賃金を求めた訴訟で、最高裁は、時間に応じて割増賃金を支払うとする労基法の本質を逸脱すると判示した。賃金体系全体における賃金規則に基づく「割増金」の位置付けに留意が必要としたうえで、残業が増えて歩合給がゼロ円になる場合に支払われる賃金はすべて時間外労働の対価となるが、通常の労働時間の賃金である歩合給が混在し判別できないとした。

割増払う趣旨逸脱、「通常の賃金」判別できずと差戻し

 事案の概要

　Xらがタクシー運転者として勤務するY社では、売上高（揚高）の一定割合に相当する金額（「対象額A」という）から残業手当（「割増金」という）および交通費を控除したものを歩合給として支給していた。Xらは、当該賃金規則上の定めが無効であり、Yは控除された割増金等に相当する賃金の支払義務を負うとして提訴した。

　一審判決（東京地判平27・1・28）は、揚高が同じである限り、時間外・休日・深夜の労働（以下「時間外労働等」）の有無や多寡にかかわらず支払われる賃金は同じになることから、このような制度は労基法37条の規制を潜脱す

るものであり、民法90条により無効とした。第一次控訴審判決も、一審の判断を維持したが（東京高判平27・7・16）、第一次上告審（最三小判平29・2・28）は、「売上高等の一定割合に相当する金額から労基法37条に定める割増賃金に相当する額を控除したものを通常の労働時間の賃金とする旨が定められていた場合に、当該定めに基づく割増賃金の支払が同条の定める割増賃金の支払といえるか否かは問題となり得るものの、当該定めが当然に同条の趣旨に反するものとして公序良俗に反し、無効であると解することはできない」としたうえ、本件賃金規則における賃金の定めにつき、通常の労働時間の賃金に当たる部分と同条の定める割

増賃金に当たる部分とを判別することができるか否か（明確区分性）等を審理すべきであるとして、本件を高裁に差し戻した。差戻審（東京高判平30・2・15）では、本件制度について、明確区分性の点でも、金額の面でも問題なく、割増賃金または歩合給の賃金未払いがあるとは認められないとして、Xらの請求を棄却し、本件はその上告審である。

 判決のポイント

1　労基法37条が時間外労働等について割増賃金を支払うべきことを使用者に義務付けているのは、使用者に割増賃金を支払わせることによって、時間外労働等を抑制し、もって労働時間に関する同法の規定を遵守させるとともに、労働者への補償を行おうとする趣旨によるものであると解される。…特定の手当が、時間外労働等の対価として…支払われるものとされているか否かは、…同条の趣旨を踏まえ、当該労働契約の定める賃金体系全体における当該手当の位置付け等にも留意して検討しなければならない。

2　本件賃金規則の定める各賃金項目のうち歩合給に係る部分は、出来高払制の賃金、すなわち、揚高に一定の

比率を乗ずることなどにより、揚高から一定の経費や使用者の留保分に相当する額を差し引いたものを労働者に分配する賃金…と解されるところ、割増金が時間外労働等に対する対価として支払われるものであるとすれば、割増金の額がそのまま歩合給の減額につながるという上記の仕組みは、…割増賃金を経費とみた上で、その全額をタクシー乗務員に負担させているに等しいものであって、…法37条の趣旨に沿うものとはいい難い。

3　割増金の額が大きくなり歩合給が0円となる場合に、割増金を時間外労働等に対する対価とみるとすれば、出来高払制の賃金部分全てが割増賃金であることとなるが、これは、法定の労働時間を超えた労働に対する割増分として支払われるという労基法37条の定める割増賃金の本質から逸脱したものといわざるを得ない。

4　本件賃金規則の定める仕組みは、その実質において、…元来は歩合給として支払うことが予定されている賃金を、時間外労働等がある場合には、その一部につき名目のみを割増金に置き換えて支払う…ものというべきである。そうすると、…割増金は、その一部に時間外労働等に対する対価として支払われるものが含まれていると

しても、通常の労働時間の賃金である歩合給として支払われるべき部分を相当程度含んでいるものと解さざるを得ない。そして、割増金として支払われる賃金のうちどの部分が時間外労働等に対する対価に当たるかは明らかでないから、…通常の労働時間の賃金…と割増賃金に当たる部分とを判別することはできない。

したがって、…法37条の定める割増賃金が支払われたということはできない（原審破棄。割増賃金額算定のため差し戻す）。

 応用と見直し

固定残業代を争点とする訴訟は近年多発している類型のひとつである。本件の一次上告審の判決は、この争点について、時間外労働等の対価として支払われている額と通常の賃金の区分が明確であれば（明確区分性要件）、あとはその額が労基法所定の金額を下回らないかどうか検討すれば足りるとした。明確な判断枠組を示したものといえる。

しかし、その後、日本ケミカル事件（最一小判平30・7・19）は、手当が時間外労働等の対価として支払われているかは、契約書等の記載内容のほか、具体的事案に応じ、説明の内容、勤務状況などの事情を考慮して判断すべきとしたため、諸般の事情の総合考慮という要素が加わり、結果の予見可能性が揺らいだ。

本件上告審判決は、時間外労働の抑止と労働者の補償を目的とする割増賃金という趣旨を踏まえて解釈すべきであるとしたうえで、割増賃金を経費として乗務員に負担させているに等しいものであるとか、「割増金」として支払われるものに、通常の労働時間の賃金として支払われるべき部分を相当程度含んでいるものと解さざるを得ないといった、いささか説明不足の表現をしており、また、対価性を論じているのかと思えば、最終的には明確区分性に欠けると結論するなど、判断枠組み自体が分かりにくくなった。

「歩合給として支払われるべき賃金」という表現もあるが、それまで歩合給として支払われていた制度を変更し、その変更の可否が争点となった場合の論述であれば理解できるが、そうでなければ、「歩合給として支払われるべき」という認定はどこから生じるのか、賃金体系全体における手当の位置付けから判断ということであろうが、やはり説明不足の感は否めない。

本件判決はあくまで本件制度に関す

る判断ではあるが、実務にとっては、自社の制度が有効なのかどうか、予見可能性が薄められ、今後の対応に苦慮することになった。

　労働法分野においては、判例法理も多く、固定残業代制度のように、訴訟が多発し、判断も分かれている争点について、理論的に明確で、結果の予見可能性のある判断枠組みを提供するのは、最高裁の役割のひとつのはずである。その点、本件上告審は、一次上告審より後退したといえそうで、残念である。

MEMO

----

100 時間の固定残業代、公序良俗違反で無効？

―レインズインターナショナル事件―（東京地判令元・12・12）

弁護士　渡部　邦昭

[労判ジャ 100 号 50 頁]

> 深夜割増を含む計 100 時間分の固定残業代を支払っていた飲食店の店員が、公序良俗違反で無効と訴えた。東京地裁は、当時の限度基準告示を大きく上回るが、直ちに違法等とはいえないと判断。時期により残業数に大きな差があるものの、超過部分は差額が支払われたことなどから賃金体系上も残業代の対価と認めた。勤怠システムの休憩時間は実態を反映しておらず、取得できたのは 15 分と推認した。

限度基準上回るが、繁忙期に差額支払われ有効

 事案の概要

労働者甲は、平成 22 年頃から会社が運営する飲食店（A 店）でアルバイト従業員として勤務し、平成 2 年 5 月、会社との間で正社員として期間の定めのない労働契約を締結した。

会社では、外食産業等向けの営業支援システムを用いて従業員の労働時間を管理していた。会社の給与規程中には、「固定割増手当は、管理職に該当しない社員に対して、時間外勤務又は深夜勤務をしたものとみなしてあらかじめ支給し、固定割増手当の額は、各人毎にみなし時間として 70 時間相当の時間外勤務手当と 30 時間相当の深夜勤務手当分を給与決定時に通知するものとする」旨のほか、時間外勤務手当および深夜勤務手当について「固定割増手当により既に支給されている時間分については支給しない」旨の定めがあった。

甲は、会社に対し、会社の認識よりも多くの時間外労働等をした（実労働時間）こと、および固定残業代の支払いが無効であるなどと主張して、未払割増賃金 871 万 2299 円およびこれに対する遅延損害金、並びに労基法 114 条に基づく付加金の支払い等を求めて提訴した。

— 50 —

本件の争点は、⑴実労働時間（始業および終業時刻の認定と休憩時間の認定）の認定と、⑵固定割増手当の支払いの有効性如何である。本判決はおよそ以下のように判示して、甲の請求の一部（約1割相当）を認めた。

判決のポイント

⑴甲の時間外労働時間数を抑える目的でエリアマネージャーAが本件システム記録上の労働時間を修正したり、Aの指示により甲が実際の出退勤時刻とは異なる時刻に本件システムに出退勤時刻を打刻したりしたことがあったと認められる（が）、静脈認証データの時刻が甲の始終業時刻であると認めるのが相当である。

甲が休憩を取得していたのは来客が少ない時間帯であるところ、日によって勤務する従業員数が異なっており、…時期や曜日によって繁忙度が異なるのであり、休憩時間を十分に確保することができなかった日もあると考えられること、本件システムは原則として休憩時間が自動的に記録される仕組みになっており、本件システムの休憩時間は実態を反映したものではなく、また、会社において所定の休憩時間を確保するよう指導等がされた形跡がみ

られないことを考慮すると、…甲が1勤務当たりに取得した休憩時間の平均は、午後10時より前の時間帯が15分、午後0時以降も勤務した場合には午後10時以降の時間帯が15分と認めるのが相当である。

⑵労基法37条は、労基法37条並びに政令及び厚生労働省令の関係規定…に定められた方法により算定された額を下回らない額の割増賃金を支払うことを義務付けるにとどまるものと解され、労働者に支払われる基本給や諸手当にあらかじめ含めることにより割増賃金を支払うという方法自体が直ちに同条に反するものではなく（最二小判平29・7・7）、使用者は、労働者に対し、雇用契約に基づき、時間外労働等に対する対価として定額の手当を支払うことにより、同条の割増賃金の全部又は一部を支払うことができる。

そして、雇用契約においてある手当が時間外労働等に対する対価として支払われるものとされているか否かは、雇用契約に係る契約書等の記載内容のほか、具体的事案に応じ、…労働者に対する当該手当や割増賃金に関する説明の内容、労働者の実際の労働時間等の勤務状況などの事情を考慮して判断すべきである（最一小判平30・7・19）。

甲の実際の時間外労働時間数及び深夜労働時間数は、…時期によっては本件固定割増手当規定に係る時間外労働及び深夜労働の時間数と比較的大きな差があるものの、会社は、割増賃金の額が固定割増手当の額を上回る場合にはその差額を支払っていたことを考慮すると、本件労働契約上、固定割増手当は時間外労働及び深夜労働に対する対価であるとされているとみるべきである。…また、甲は、本件固定割増手当規定が…月45時間を大きく超え…公序良俗に反する旨主張するが、…労基法又は公序良俗に反するものとはいえない。

 応用と見直し

(1)実労働時間の立証方法としては、タイムカード、ICカード等のほか、日報の類、入退室記録、警備会社による事業場の鍵の開閉記録、パソコンの履歴、メールの送受信記録、労働者の作成したメモ等がある。要証事実としての実労働時間は日ごとに始点（何時何分から）と終点（何時何分まで）を特定して主張立証することを要し、これを特定し、かつ、客観的に裏付けるに足りるものであることを要する。タイムカード等の客観的な記録によって

時間管理がなされている場合には、特段の事情のない限り、タイムカード打刻時間をもって実労働時間を事実上確定するのが判例（ボス事件＝東京地判平21・10・21ほか）である。本件では、出退勤時刻は「静脈認証システム」に基づき記録されており、このシステムによる記録は特段の事情のない限り客観的なものと認められるので、かかる記録を基にした実労働時間の認定は相当なものと認められる。なお、当該労働者の時間外労働がなされたことが確実であるのに、タイムカードがなく、正確な時間を把握できないという理由のみから全面的に割増賃金を確定することは不公平であるとして、当該労働者の主張する時間外労働時間の2分の1を推計（認定）した裁判例（日本コンベンションサービス事件＝大阪高判平12・6・30）もある。本件の休憩時間について、本判決が15分だけ休憩を認めた理由が判示からは明らかではないが、勤務実態を踏まえて相当性の観点から概括的に推計（認定）したものである。

(2)時間外労働等に対する割増賃金の支払いについて、労基法が規制しているのは、時間外労働等に対して労基法37条に定める計算方法による一定額以上の割増賃金を支払うことであるか

ら、この規制に違反しない限りは、た
とえば、同条に定める割増賃金の算定
の基礎とすべき賃金を除外しても、就
業規則で定めた割増率が高いために、
法の定める計算よりも多くの割増賃金
を支払っている場合には、労基法37
条違反は生じない。この法理は固定残

業代についても妥当するものである。
本判決の立論は当然ということにな
る。本判決は、残業（実労働時間）の
認定並びに残業割増手当の意義を問う
ものであって、日頃から労働時間管理
に頭を悩ましている労務管理担当者の
参考となる。

MEMO

交際求めるメールはセクハラ、会社に厳罰要求

－N商会事件－（東京地判平31・4・19）

弁護士　石井　妙子

［労経速 2394 号 3 頁］

メールで再三交際を申し込む行為はセクハラであり、会社の対応は不十分として、元従業員が会社に損害賠償を求めた。行為者の懲戒解雇や自身の配転を求めたが行われなかった。東京地裁は、相談後まもなく事実関係を調査したと評価。ストーカー行為に当たらず、謝罪を受け入れるなど、懲戒処分は不要と判断しても不合理とはいえないとした。配転に関しても、本社建物しかなく困難としている。

注意と謝罪で解決、懲戒処分までは不要

 事案の概要

Yは、役員3人、従業員12人、1事業所の会社である。同社の従業員Xは、平成24年10月下旬ころ、従業員Aから交際を申し込まれたが、回答はしなかった。Aは、その後も、メールの送信や、旅行の土産を渡すなどしたが、Xが返信しないばかりか、冷たい態度を示すようになったため、翌年3月中旬以降、交際を求めるようなメールは送らなくなった。

XとAはフロアも異なり、業務として接触するのは納品伝票の受け渡し程度であったが、Xは同年9月頃、Aとの接触を避けるべく担当を交代できないかと申し出た。取締役営業部長B

が、Aに事実確認を行ったところ、Aは、過去にメールを送ったことがあるが、現在はしていないと述べ、BはAの携帯で確認した。BはAに対し、今後、メールを送るなどしないように注意し、謝罪するよう指導した。Xはその後、自身の配置転換や業務内容の変更、Aの懲戒処分や退職を求めるようになり、Yは、両者の業務上の接点を減らすようにしたが、Xは、Aの懲戒解雇に固執し、Yの慰留にもかかわらず平成28年9月、退職した。

Xは、Yが事実関係の調査をせず、安全配慮義務ないし職場環境配慮義務を怠ったこと等により精神的苦痛を被ったと主張して、債務不履行に基づき、損害賠償約904万円およびこれ

に対する遅延損害金の支払いを求めて提訴した。

判決は以下のように判示し、Yに義務違反はなく債務不履行責任を負うことはないとした。

 判決のポイント

1 調査義務

Xは、Yの調査義務違反を主張するが、Yは、平成25年9月頃に、Xから、…セクハラ行為に係る相談を受けて、まもなく、Aに対し、事実関係を問い、問題となっている送信メールについてもAに任意示させて、その内容を確認するといった対応をとっているものである。

Yにおいて、事案に応じた事実確認を施していると評価できるところであって、Yに債務不履行責任を問われるべき調査義務の違背があったとは認め難い。

2 懲戒処分を行う義務

Xは、Yは、Aに対する懲戒処分を行うべき義務の違反があったと主張するが、Aの行為は、ストーカー行為…に該当するものとは認められない。Yは、Aに対し、Xに不快の情を抱かせ

ている旨説示して注意し、メール送信等もしないよう口頭で注意を施したものである。しかも、その際、Yは、Aからはメール送信も既にしなくなっている旨の申し出を受け、その申出内容もメールの内容を見ることで確認し、また、Xも、ひとまずAの謝罪を了としていた…。そうすると、Yが、Aに対して…厳重に注意するにとどめ、懲戒処分を行うことまではしないと判断したとしても、その判断が不合理ということはできず、これに反し、Yにおいて、Aに対する懲戒処分を行うべき具体的な注意義務を負っていたとまでは認め難い。

3 配置転換の義務

Xは、Yにおいて配置転換等の措置を取るべき義務の違反があったと主張するが、AがXにした行為の内容や、…Aに対して厳重に注意もなされていること、Aも自身の行為を謝し、Xもひとまずこれを了とし、その際、あるいはそれ以降、特段、Aから、…不快な情を抱かせるべき具体的言動がなされていたともYに認められなかったこと…、Yには、本社建物しか事業所が存せず、配転をすることはそもそも困難であった上、…業務上の接触の機会自体、伝票の受け渡し程度で、乏しかっ

懲戒

たものである。わずかな接触の機会についても、Xの意向も踏まえ、納品伝票を伝票箱に入れることでやり取りをすることを認めたり、さらには担当者自体を交代するといったことも許容していた…。Yにおいて、事案の内容や状況に応じ、合理的範囲における措置を都度とっていたと認めることはでき…、Xが指摘するような注意義務違反があったとは認め難い。

4　二次被害

Xは、Bが、Xに対し、Xが努力すべきである…等の心無い言葉を浴びせることによりXに二次被害を与えたものであり、職場環境配慮義務ないし安全配慮義務の違反があったとも主張…するが、証拠に照らして、そうした事実は認め難い。

 応用と見直し

本件判決の事案は、相談があった時点ではすでに交際を求めるようなメール送信は止んでおり、また、そもそもストーカー行為に該当するようなものではなく、比較的悪質性の少ない事案である。しかし、会社はXからの相談を受けて、迅速・適切に事実調査し、また、少人数であり、事業所も一カ所

であるといった職場の状況や、被害者から行為者に対する厳罰要請がなされる等、対応困難な中で、解決のために誠実に対応しており、適切な事後対応の例として、参考となる事案である。

ところで、労働施策総合推進法改正により、パワハラに関する事業主の雇用管理上の措置義務が新設されたが、合わせてセクハラやマタハラについても男女雇用機会均等法、育児介護休業法の改正や、指針の改定（令2・1・15厚労省告示6号）が行われ、防止対策の実効性の強化が図られた。

今後は、改正法、改定指針の内容に沿った対応が求められることになり、取組み強化が必要である。本件に関連する点では、改定指針は、相談対応に関して「相談者の心身の状況や、当該行為が行われた際の受け止めなどその認識にも適切に配慮すること」としている。改定指針を待つまでもなく、従前から、セクハラについては被害者の受け止めを尊重すべきであるといわれてきたが、今後、今まで以上に、本件のような悪質性の少ないケースや、セクハラに該当するかどうか微妙なケースについても、被害者の認識に配慮し、丁寧な対応に留意する必要がある。

なお、改正均等法では、パワハラと同様、セクハラの防止に関する国・事

業主・役員・労働者の責務が明確化され、事業主・役員・労働者につき、他の労働者に対する言動に注意を払う努力義務等が定められた（均等法11条の2）。また、今まで、指針に定められていた相談の申し出や、調査協力をした労働者に対する不利益取扱い禁止は、法律に明記され（11条2項）、自社の労働者・役員の行為について、他社から調査等の協力を求められた場合の努力義務規定も新設されている（同条3項）。

MEMO

職場外へ個人情報持ち出し廃棄、

3日間の停職は

－京都市（児童相談所職員）事件－（京都地判令元・8・8）

弁護士　緒方　彰人　　　　　　　　　　　　　　［労判 1217 号 67 頁］

　児童相談所の職員が、児童の記録をコピーして自宅に持ち帰り破棄したことで、3日間の停職とされた処分は無効と訴えた。京都地裁は、相談を放置した児相の対応を問題視し公益通報窓口に相談しており、資料持ち出しは証拠保全や自己防衛という重要な目的を有していたと判断。資料の外部流出は認められず、過去の懲戒事例との比較や処分歴もないことから停職3日は重すぎるとした。

公益通報が目的で外部流出認めず処分重いと判断

 事案の概要

　被告は、地方公共団体（市）で、原告は、被告が設置する児童相談所に勤務していた。

　平成 27 年 9 月 8 日、被告市内の児童養護施設の施設長 A が同施設に入所していた被措置児童を平成 26 年 8 月に淫行させたものとして逮捕された。児童相談所は、本件児童の母親から、平成 26 年 8 月 20 日から相談を受けていたが、このときは、被措置児童虐待通告として受理しておらず、同年 12 月 24 日になって、保健福祉局に被措置児童虐待事案として報告し

た。

　同年 10 月 1 日頃から、原告は、勤務時間中に、職場の業務用パソコンから、本件児童の記録データ等を閲覧したところ、同年 8 月に本件児童の母親から相談があったことを知ったため、その後も閲覧を繰り返し（本件行為1）、その後の新年会の席上や組合交渉の場で、児童相談所の対応を問題視する発言を行ったほか（本件行為3）、平成 27 年 3 月 15 日に被告の公益通報処理窓口である H 弁護士に通報した。しかしその回答内容に不服があったため、原告は、同年 10 月頃、職場の業務用パソコンから、本件児童の母

親からの相談内容を含む記載がされた文書ファイルの片面1頁を出力し、複数枚複写した。その内の1枚を自宅に保管していたところ、平成27年11月10日、保健福祉局の事情聴取において返却を指示されたが、その日の夜、自宅でシュレッダー廃棄した（本件行為2）。なお複写文書のうち1枚は原告が、H弁護士に交付した。

同年12月4日、被告は、本件行為1〜3を理由に原告を3日間の停職とする懲戒処分をした。そこで、原告は本件懲戒処分の無効を求めて訴訟提起した。

判決のポイント

懲戒事由に該当する非違行為として存在するのは、本件行為2に限られる。

本件複写記録の持ち出し行為は…公益通報を目的として行った2回目の内部通報に付随する形で行われたものであって…証拠保全ないし自己防衛という重要な目的を有していた…。

本件複写記録の自宅での廃棄行為…は…今後の情報漏えいの可能性が万に一つないようにするために持ち出した現物を返却させるという被告の正当な目的の実現を妨げた点からも、大いに非難されるべきものである。しかし

ながら、原告は、（廃棄を自ら申告し）証拠隠滅を図るなどの不当な動機や目的があったとは考え難い。…持ち出し行為…は…本件複写記録の1枚のみであり…本件複写記録が外部に流出した事実は認められない。…本件児童からは…強い非難が寄せられていることは十分に考慮…しても、…被告の児童福祉行政に対する信頼が回復不能なほどに大きく損なわれたとまでは認めることはできない。

原告は…軽率な行為であったことを素直に認め…一定の反省の態度を見て取ることができる。…懲戒処分歴は存在せず…業務面においては特段の問題はない…。…本件行為2…も、…職責を果たすべきとの自らの有する職業倫理に基づいて行ったものである…。過去（の）懲戒事例との比較において…本件懲戒処分を選択することは、重きに失する。…本件懲戒処分は…裁量権を逸脱又は濫用した違法がある。

応用と見直し

労働者が内部告発等をする際、対象事実の証拠を確保するために、企業の機密データを不正取得等することがある。内部告発は、会社の名誉・信用を棄損する行為であるが、データの不正

取得等は、機密漏洩（のおそれ）に当たる行為である。両者は、行為態様や侵害される会社利益を異にするため、別個に懲戒処分の対象となり得る。公益通報者保護法は、公益通報をしたことを理由とする解雇の無効や不利益取扱いの禁止を規定するにとどまるが（3条、5条）、裁判例においては、データの不正取得等についても、それが内部告発等に付随して行われたものであるときは、そのことを考慮して、懲戒処分の効力を判断する傾向にある。

すなわち、①違法な保険請求の疑いがある場合に行政に対しカルテやレセプトを提出した行為について、根拠資料の提出を禁ずれば具体性のある内部告発が不可能になることや同資料に基づく内部告発が不当なものでなかったことなどを理由に解雇を無効としたもの（医療法人毅峰会事件＝大阪地決平9・7・14）。

②金融機関の信用情報等を印刷した文書およびその写しを持ち出し、警察や国会議員の秘書に交付した行為について、不正疑惑を解明する目的で行われたものであることや実際に疑惑解明につながったケースもあること等を理由に各行為の違法性が大きく減殺されるとして懲戒解雇を無効としたもの（宮崎信用金庫事件＝福岡高裁宮崎支

判平14・7・2）。

③投資顧問会社の顧客情報を弁護士に交付した行為について、自己の受けた嫌がらせに対する救済のため同会社の救済申立窓口を利用することとして、その方法・必要な準備を相談する一環として交付したものであることや、弁護士は守秘義務を負っていることなどから懲戒解雇を無効としたもの（メリルリンチ・インベストメント・マネージャーズ事件＝東京地判平15・9・17）。

④地元雑誌に旧信金理事長らによる不正融資に係る記事が掲載されたことを機に、理事長らのメールファイルに無断でアクセスを行い、機密資料を2400回以上閲覧してそのうち3900枚を印刷し、その一部を支店に持ち出した行為について、不正融資の証拠資料を取得して公益通報を行うことを目的としたものとは認められないし、旧信金の不正を糺すという目的を有していたとしても、そのことのみで正当化されないとして、懲戒解雇を有効としたもの（武生信用金庫事件＝名古屋高裁金沢支判平28・9・14）などがある。

目的の正当性が認められても、あらゆる態様のデータ取得等が正当化されるものではなく、データの機密性の程度、通報内容との関連性、取得等の態

様、代替手段の有無、提出先などをもとに判断している。

　本件では、児童相談所における被措置児童虐待通告対応についての内部通報を行う目的で、児童記録データの出力・複写のみならず、複写文書の自宅での保管や業務指示に反した破棄などが問題とされている。複写文書の自宅での保管や破棄は、内部通報とは直接の関連がないものであるため、正当化は難しいと思われるが、対象が文書ファイルの片面1頁を複写した1枚であったことなどから、停職3日の処分は重きに失するということであろう。微妙な事案と思われる。

MEMO

弁護士通じ退職願、引継ぎに支障と退職金ゼロ

―インタアクト事件―（東京地判令元・9・27）

弁護士　牛嶋　勉

［労経速 2409 号 13 頁］

弁護士を通じて退職願を提出し、対面の引継ぎを行わなかったなど 20 の懲戒解雇事由を理由に、退職金を不支給とした事案。東京地裁は、退職金は賃金の後払い的性格を有するとしたうえで、背信行為の多くは懲戒解雇事由に該当せず書面で引継ぎ自体を行っていることなども考慮すると、勤労の功を抹消するほどの著しい背信行為とは評価できないと判断し、退職金の全額支払いを命じた。

勤続の功を抹消するほどの背信行為とは評価できない

 事案の概要

原告は、原告代理人を通じて、平成 28 年 11 月 11 日、被告会社に対し、退職通知書の到達後 1 カ月を経過する日をもって退職する旨、退職日までの間は年次有給休暇を取得する旨等を通知した。また、原告は、原告代理人を通じて、被告で使用していたパスワード等の保管場所、ネットバンキングの ID およびパスワード、防犯ビデオ等の管理に関する情報の所在、原告が使用していたパソコンのアカウントパスワード、パソコン内に保存されている生体認証システムの登録・解除に関するパスワード等の情報、鍵管理表等のファイルの存在等を伝達し、被告から

の業務引継に関する問い合わせに回答した。

原告は、訴訟を提起し、被告に対し、平成 28 年度冬期賞与 48 万円余、退職金 69 万円余等を請求した。

 判決のポイント

被告は…平成 28 年度冬期賞与支給日を平成 28 年 12 月 13 日に設定し…従業員に通知した。被告における平成 22 年から平成 27 年までの間の冬期賞与支給日は、平成 22 年 12 月 10 日、平成 23 年 12 月 7 日、平成 24 年 12 月 10 日、平成 25 年 12 月 6 日、平成 26 年 12 月 8 日、平成 27 年 12 月 11 日であった。…原告が被告を退

職したのが平成28年12月9日であると認められるのに対し、平成28年度冬期賞与支給日が同月13日と設定され…原告は、「支給日に在籍している社員」には該当しない。

冬期賞与支給日は、必ずしも12月9日以前とされていたわけではなく、その他に、被告が原告を支給日在籍社員として取り扱わないことが権利濫用に該当することを裏付ける…証拠はない。…原告は、平成28年度冬期賞与を請求できる権利を有しない。

退職金が賃金の後払い的性格を有しており、労基法上の賃金に該当すると解されることからすれば、退職金を不支給とすることができるのは、労働者の勤続の功を抹消ないし減殺してしまうほどの著しい背信行為があった場合に限られると解すべきである。

被告が本件背信行為として主張するものの多くは、そもそも懲戒解雇事由に該当しないものである上、仮に懲戒解雇事由に該当しうるものが存在するとしても…その内容は原告が担当していた業務遂行に関する問題であって被告の組織維持に直接影響するものであるとか刑事処罰の対象になるといった性質のものではなく、これについて被告が具体的な改善指導や処分を行ったことがないばかりか、被告においても

業務フローやマニュアルの作成といった従業員の執務体制や執務環境に関する適切な対応を行っていなかったのであり、また…被告に具体的な損害が生じたとは認められないのであって、これらの点に、被告の退職金規程の内容からすれば、被告における退職金の基本的な性質が賃金であると解されること、…原告において対面による引継行為を敬遠したことには一定の理由があると解され（編注：緊密な関係を有していた上司との関係に軋轢が生じていた）、原告において対面による引継行為に代えて原告代理人を通じた書面による引継行為を行っていることなどの…全事情を総合考慮すると、…被告における勤労の功を抹消してしまうほどの著しい背信行為があったとは評価できない（退職金請求を認容）。

 **応用と見直し**

いわゆる退職代行の問題点

代理人弁護士を通じて退職の意思表示を行い、それ以降、年次有給休暇を取得するなどして一切出社しない事例が増加している。

退職の意思表示を代理人により行うことは、法的には可能である。期間の

定めのない雇用契約を締結している労働者は、いつでも雇用契約の解約の申入れをすることができ、その申入れから2週間経過すると雇用契約は終了する（民法627条1。期間で報酬を定めた場合は同条2項）。

退職時には年休をすべて使い切ることができるから、対面による業務引継等を一切行わない場合が少なくない。その事案の状況によっては、懲戒処分、賞与不支給、退職金不支給等の問題に発展する可能性がある。

賞与支給日在籍払いの問題

大和銀行事件（最一小判昭57・10・7）は、年2回の決算期の中間時点を支給日と定めて支給日に在籍している者に対してのみその決算期間を対象とする賞与が支給されるという慣行が存在していた銀行の事案につき、同慣行を明文化した就業規則は内容も合理性を有するとして、上告人は退職後の日を支給日とする各賞与については受給権を有しないとした原審の判断を是認し、就業規則の賞与支給日在籍者条項を有効と判断した。

他方、ニプロ医工事件（最三小判昭60・3・12）は、賞与は毎年2回6月、12月に、支給日に在籍している従業員に対してのみ支給する旨の慣行が存在し、従前は6月または12月に例外なく賞与が支給されていた事案である。本来6月に支給すべき賞与の支給日が2カ月以上も遅延して定められ、かつ、遅延について宥恕すべき特段の事情のない場合についてまでも、支払日在籍者をもって支給対象者とすべき合理的理由は認められないと判断した控訴審判決（東京高判昭59・8・28）の判断を是認した。

退職金不支給の問題

非違行為等に基づく退職金の不支給・減額について、一般に参考にされている、日本高圧瓦斯工業事件（大阪高判昭59・11・29）は、給与規定で「従業員が懲戒解雇等不都合な行為によって退職するときは、退職金を支払わないことがある」と規定していた事案である。被控訴人らが営業所の責任者として…運営に当たっていたところ、突如として退職届を提出し、営業所の運営を放置して残務整理をせず、…何らの引継をしないまま退職するなどの行為をしたから、退職金の不支給が相当である旨の会社の主張について、「仮に、…退職に際し控訴人主張に係る右のような行為があったとしても、その行為は、責められるべきものであるけれども、…被控訴人らの永年勤続の功

労を抹消してしまうほどの不信行為に該当するものと解することができない」と判断し、被控訴人らの退職金請求を認容した一審判決を維持した。同様に退職金の全額不支給を否定する裁判例が相当数存在する。

実務上の留意点

　期間の定めのない雇用契約を締結している労働者には、退職の自由がある。他方、退職に際して必要な業務引継を行う義務も存在するが、その義務の範囲は、一般に使用者が考えるより狭く判断されている。

MEMO

割増賃金求める医師に病院が「管理職手当返せ」

－恩賜財団母子愛育会事件－（東京地判平 31・2・8）

弁護士　牛嶋　勉　　　　　　　　　　　　　　［労経速 2387 号 17 頁］

> 医長である医師が残業代を請求したところ、逆に病院から管理職手当の返還を求められた。医師には、時間外見合いの医師手当も支給されていた。労基署から残業代に関して是正勧告を受けるなど管理監督者でないことに争いはなかった。東京地裁は、内規に時間外労働等の対価と規定された医師手当を固定残業代と認めた一方、医長に管理職手当の受給権限はないとして不当利得の返還を命じた。

医師手当は残業代、管理監督者でなく管理職手当は返還命じる

事案の概要

　原告は、平成 17 年 4 月 1 日に被告財団に入職した医師であり、平成 26 年 4 月以降新生児科医長として勤務し、未払割増賃金 4392 万余円、労基法 114 条に基づく付加金等を請求した。被告財団は、反訴として、原告に受給資格のない管理職手当を過誤払いしたと主張して、不当利得返還請求権に基づき 157 万余円等を請求した。

判決のポイント

　本件給与規則上、諸手当のうち超過

勤務手当と医師手当が同列のものとして整理、理解されているものと評価できる。また、…医師手当支給内規には、…管理職以外の医師については医師手当を超過勤務に代わるものと規定し、医師手当が固定残業代であることが明記されている。さらに、超過勤務手当支給内規においても、医師の超過勤務、休日勤務に係る手当として、労基法上の時間外労働等…の合計時間を超過勤務として計算した額と、医師手当及び宿日直手当の合計額を比較して多い方の額を支払うこととされており、実際に被告財団は、前者の方が多い場合には医師手当及び宿日直手当の合計

額との差額を医師差額として支給している。…医師に対する宿日直手当と医師手当がいずれも時間外労働等に対する対価としての手当として位置付けられ、労働基準監督署からの勧告等を受けるまではこれらの手当を支払うことにより時間外労働等に対する対価としての賃金を支払ったものとして処理されていたものの、同勧告を受け、労基法等の法令に従った形に運用を改めたものと理解するのが相当である。

医師手当は、被告財団の賃金体系において、時間外労働等に対する対価として…位置付けられており、実際にもそのように運用されていたことが認められる。

医師手当は固定残業代に該当し、割増賃金の基礎となる賃金には含まれない。

本件給与規則29条1項が「管理又は監督の地位にある職員に対し管理職手当を支給する」と規定し、労基法41条2号の「監督若しくは管理の地位にある者」と類似した表現を用いていることからすれば、両規定は同一の内容を規定したものと理解するのが相当であって、管理職手当の支給対象者は労基法41条2号の管理監督者であると理解するのが相当である。…被告財団の規定上、管理職手当は、労基法

上の管理監督者に該当する者に対して支払われるものと認められる。

原告には管理職手当の受給権限はないから、原告は、過去に支払われた管理職手当について、被告財団に対して、不当利得として返還すべき義務を負う。また、管理職手当は、割増賃金の基礎となる賃金に該当しない。

 **応用と見直し**

定額（固定）残業代の要件

以下の各最高裁判決の判示によれば、労働契約の賃金の定めにつき、通常の労働時間の賃金に当たる部分と割増賃金に当たる部分に判別することができる場合は、後者は定額（固定）残業代に該当するとする判断基準が確立している。

高知県観光事件（最二小判平6・6・13）「歩合給の額が、…時間外及び深夜の労働を行った場合においても増額されるものではなく、通常の労働時間の賃金に当たる部分と時間外及び深夜の割増賃金に当たる部分とを判別することもできないものであったことからして、この歩合給の支給によって、…法37条の規定する時間外及び深夜の割増賃金が支払われたとすることは困

損害賠償

難」。

テックジャパン事件（最一小判平24・3・8）「基本給について、通常の労働時間の賃金に当たる部分と同項の規定する時間外の割増賃金に当たる部分とを判別することはできない…基本給の支払…によって…割増賃金が支払われたとすることはできない」。

国際自動車事件（最三小判平29・2・28）「時間外労働等の対価として法37条の定める割増賃金を支払ったとすることができるか否かを判断するには、労働契約における賃金の定めにつき、それが通常の労働時間の賃金に当たる部分と同条の定める割増賃金に当たる部分とに判別することができるか否かを検討した上で、…判別をすることができる場合に、割増賃金として支払われた金額が、通常の労働時間の賃金に相当する部分の金額を基礎として、法37条等…により算定した割増賃金の額を下回らないか否かを検討すべきであり…下回るときは、使用者がその差額を労働者に支払う義務を負う」（医療法人社団康心会事件＝最二小判平29・7・7、国際自動車事件最判も同旨）。

日本ケミカル事件（最一小判平30・7・19）「雇用契約においてある手当が時間外労働等に対する対価とし

て支払われるものとされているか否かは、雇用契約に係る契約書等の記載内容のほか、具体的事案に応じ、使用者の労働者に対する当該手当や割増賃金に関する説明の内容、労働者の実際の労働時間等の勤務状況などの事情を考慮して判断すべき」。

管理職手当の取扱い

労基法上の管理監督者に該当しない者が未払割増賃金等を請求した場合において、同人に支払われた管理職手当（名称は役職手当等様ざま）の取扱いについては、それぞれの事案に応じて裁判例が分かれている。

未払割増賃金額から支給された管理職手当相当額を控除した裁判例（東和システム事件＝東京高判平21・12・25等）がある一方で、管理職手当を割増賃金の基礎賃金（労基法37条5項）に算入して未払割増賃金額を算定した裁判例（モリクロ事件＝大阪地判平23・3・4等）もある。

本判決は、前者の裁判例である。後者の場合、使用者は、管理監督者に該当すると考えて残業代を支払わない代わりに管理職手当を支払ったにもかかわらず、その管理職手当相当額を基礎賃金に加算して未払割増賃金額が算定されるという想定外の損害を被ること

になる。

実務上の留意点

　本判決は、未払割増賃金請求訴訟において、反訴として、既払いの管理職手当について不当利得返還請求を行って認容された初めての裁判例であろうと思われる。管理監督者扱いをし管理職手当を支払っていたにもかかわらず、管理監督者に該当しないとして未払割増賃金請求がなされた場合に、考慮すべき裁判例である。本判決の事例では、就業規則上、管理職手当は労基法上の管理監督者に対して支払う旨が明記されていたことに留意する必要がある。

　本判決の控訴審（東京高判令元・12・24）は、管理職手当の不当利得返還請求を認めた一審判決を肯定した。

損害賠償

MEMO

年間ほぼ毎月 100 時間超残業させられ

賠償請求

－狩野ジャパン事件－（長崎地裁大村支判令元・9・26）

弁護士　中町　誠　　　　　　　　　　　　　［労経速 2402 号 3 頁］

> 元従業員が、2 年間にわたり毎月 100 時間以上残業したことで、精神的苦痛を被ったとして慰謝料等を求めた。裁判所は、会社は長時間労働で健康を損なわないよう安全配慮義務を負うと判断。心身の不調など疾患を発症していなくても、タイムカードの時刻から労働状況を改善指導すべきところこれを怠ったもので、未払割増賃金とともに慰謝料 30 万円の支払いを命じた。

心身の不調問わず、長時間労働に慰謝料 30 万円

 事案の概要

被告との間で労働契約を締結していた原告が、被告に対し、(1)平成 27 年 6 月 1 日〜平成 29 年 6 月 30 日までの間の労働につき、時間外、休日および深夜の割増賃金並びに所定労働時間を超えた法定労働時間内の労働に対する賃金に未払いがあると主張して、同契約に基づいて、これらの未払賃金の支払いを求めた。

原告は、その他に(2)労働基準法 114 条に基づいて、付加金の支払いを求め、また、(3)被告により、苛酷な長時間労働を長期間恒常的にさせられるなどして、精神的苦痛を被ったと主張して、

不法行為に基づいて、慰謝料等の損害金の支払いを求めている事案である。

原告は、平成 29 年 6 月 30 日、被告を退職した。

 判決のポイント

1、原告は、被告における法定休日は日曜日であると解すべきであると主張する。

この点、法定休日の事前の特定は労働基準法上要求されておらず、本件労働契約において法定休日が日曜日であると特定されている形跡もないが、本件において問題となる各日曜日は、いずれも暦週における唯一の所定休日で

あるため、法定休日が日曜日であると特定されていなくとも、法定休日…に該当すると認められる。

2、本件職務手当の中には、固定残業代のほかに、能力に対する対価も混在しているというのであるから、職務手当の支払をもって労働基準法37条の定める割増賃金を支払ったとすることができるためには、固定残業代部分と能力に対する対価部分とが明確に区分されていることが求められる…。本件において、…固定残業代部分と能力に対する対価部分とが明確に区分されているということはできないから、職務手当の支払をもって労働基準法37条の定める割増賃金の支払としての効力を認めることはできない。

3、労働者が労働日に長時間にわたり業務に従事する状況が継続するなどして、疲労や心理的負荷等が過度に蓄積すると、労働者の心身の健康を損なう危険のあることは、周知の事実である。そうすると、被告は、原告に対し、従事させる業務を定めてこれを管理するに際し、業務の遂行に伴う疲労や心理的負荷等が過度に蓄積して原告の心身の健康を損なうことがないように注意すべき義務があったというべきである。

被告は36協定がないかあるいは無効な36協定を締結して、原告を2年余にわたり長時間の時間外労働（本件期間中2カ月は90時間以上、7カ月は150時間以上、その余は100時間以上）に従事させていた上、タイムカードの打刻時刻から窺われる原告の労働状況について注意を払い、原告の作業を確認し、改善指導を行うなどの措置を講じることもなかったことが認められる。

本件において、原告が長時間労働により心身の不調を来したこと…を認めるに足りる医学的な証拠はない。しかしながら、結果的に原告が具体的な疾患を発症するに至らなかったとしても、被告は、安全配慮義務を怠り、2年余にわたり、原告を心身の不調を来す危険があるような長時間労働に従事させたのであるから、原告の人格的利益を侵害したものといえる。

被告の安全配慮義務違反による人格的利益の侵害により原告が精神的苦痛を受けたであろうことは容易に推察されるところ、本件に顕れた諸般の事情を考慮すると、上記精神的苦痛に対する慰謝料は、30万円をもって相当と認める。

損害賠償

本件は、長時間労働の事案で具体的な疾病の発症の事実が認定されない場合についても、長時間労働に従事させたこと自体に人格的利益の侵害があったとして、慰謝料の支払いを命じた点で注目すべき裁判例である。どの程度の長時間労働かというと、有効な３６協定もなく、２年以上にわたり、およそ月100時間を超える（内７カ月は150時間以上）時間外労働をさせられたというのである。本件では、割増賃金全額に加えて、同額の付加金の支払いも命じられている。裁判所の使用者の本件対応に対する心証が極めて悪かったことが窺われる。

一般的にも長時間労働についての、裁判所の姿勢は使用者側に極めて厳しい。そもそも労基法37条の割増賃金規制には、割増賃金の支払いを求めることにより、時間外労働を抑制する趣旨が含まれるとし（最二小判平29・7・7など）、過労死認定基準である月間80時間分の時間外労働を想定した固定残業代の定めは労働者の健康を損なうものであり公序良俗違反とする（東京高判平30・10・4）。また、長時間労働の結果労働者が急性心不全で死亡した事案について、取締役らは、悪意

または重大な過失により、会社が行うべき労働者の生命・健康を損なうことがないような体制の構築と長時間労働の是正方策の実行に関して任務懈怠があったとして会社法429条１項に基づく責任を認めた事例もある（大阪高判平23・5・25）。

労基法改正により、さらに残業規制は罰則規定を含め厳格化され、残業代の消滅時効も３年に延長された。残業問題は、今後も紛争が多発することが当然に予想され、使用者の万全な対応が必要である。

割増賃金請求に関連して、週休２日制等法定休日と法定外休日が混在するため（割増率が異なるため）、法定休日がどの日か問題になることがある。労基法上、休日の特定が要求されていないこと（行政指導にとどまる）に起因する。いずれが法定休日かについては、隔週２日制の事案について、その運用等から日曜日が法定休日であると使用者の意思を推認した裁判例（東京地判平12・2・23）がある。また週休２日制などで、規定上も運用上も法定休日の特定がなされない場合に、当該週において法定休日が確保されなかったことが確定した段階で、後の休日における労働が法定休日労働であるとの説、労基法35条１項違反が

成立する第7日目の労働が法定休日労働であるとの説などがある。ある裁判例（東京地判平25・3・15）は、「暦週（日曜日から土曜日まで）の間に稼働していないと認められる日がある場合には、これを休日とみて、原則として、当該暦週において後順に位置する方の日を、全日稼働していると認められる場合は最終日である土曜日を、法定休日とみるのが相当である」としている。本件では、幸いにも問題となった休日がたまたま暦週における唯一の所定休日であったため、このような複雑な問題にならなかったのである。

MEMO

マタハラ企業だと社名公表した女性に賠償請求

ージャパンビジネスラボ事件ー（東京高判令元・11・28）

弁護士　牛嶋　勉

［労判 1218 号 5 頁］

マタハラを受けたとして記者会見で社名を公表した元従業員の女性に対し、会社が損害賠償を求めた。一審は請求を斥けたが、東京高裁は、発言のほとんどは事実と異なるとしたうえで、一般人が報道に接したときの「普通の注意と読み方」を基準にすると、発言には根拠があり、事実と受け止める人がいることは否定できないと判断。社会評価や名誉・信用を毀損したと 50 万円の賠償を命じた。

記者会見の内容は名誉毀損とし、賠償を命じる

 事案の概要

乙事件において、一審被告 Y 社は、育児休業期間が終了する一審原告 X との間で平成 26 年 9 月に締結した契約期間 1 年の契約社員契約は、期間満了により平成 27 年 9 月に終了したとして、X が労働契約上の権利を有する地位にないことの確認を求めた。

甲事件本訴において、X は Y 社に対し、①平成 20 年 7 月付け正社員契約が存続しているとして、正社員の地位確認等を求め、②予備的に、本件雇止めは無効であるとして、契約社員の地位確認等を求め、③ Y 社の一連の行為は違法であるとして、不法行為に基づき、慰謝料 300 万円等の支払いを求

めた。

甲事件反訴において、Y 社は、X が平成 27 年 10 月に行った記者会見で内容虚偽の発言をし、Y 社の信用等が毀損されたと主張して、不法行為に基づき、慰謝料 300 万円等の支払いを求めた。以下、主にこの争点を取り上げる。

一審は、乙事件の訴えを却下し、甲事件本訴については、雇止めは無効として、契約社員としての地位確認請求を認容し、不法行為に基づく損害賠償請求について、契約準備段階における信義則上の義務違反があるとして、慰謝料 100 万円等を認容した。Y 社の甲事件反訴請求については、X の記者会見における発言のみでは Y 社の名

誉・信用が毀損されたとは認められないとして請求を棄却した。

判決のポイント

　一審原告の…正社員の地位の確認請求及び未払賃金等請求はいずれも理由がない。また、本件正社員復帰合意の債務不履行による損害賠償請求も理由がない。

　本件雇止めは、客観的に合理的な理由を有し、社会通念上相当である。

　一審被告の行為のうち、一審原告が就業規則違反と情報漏洩のため自宅待機処分となった旨を記載したメールを第三者に送信したことについてのみ不法行為が成立するところ…慰謝料は5万円が相当である。

　本件記者会見は、本件甲事件本訴を提起した日に、一審原告及び…訴訟代理人弁護士らが、厚生労働省記者クラブにおいて、…訴状の写し等を資料として配布し、録音データを提供するなどして、一審被告の会社名を明らかにして、その内容が広く一般国民に報道されることを企図して実施された…。…報道機関に対する記者会見は、…反論の機会も保障されているわけではないから、記者会見における発言によって摘示した事実が、訴訟の相手方の社

会的評価を低下させるものであった場合には、名誉毀損、信用毀損の不法行為が成立する余地がある。

　報道に接した一般人の普通の注意と読み方を基準とすると、…その発言には法律上、事実上の根拠があり、その発言にあるような事実が存在したものと受け止める者が相当程度あることは否定できない…。

　本件各発言に基づく報道は、…一審被告があたかもマタハラ企業であるような印象を与えて社会的評価を低下させるものであり、実際に、一審被告を非難する意見等も寄せられたのであるから、本件各発言に基づく報道によって一審被告の受けた影響は小さくないが、…一切の事情を考慮すると、…一審被告が被った名誉又は信用を毀損されたことによる無形の損害は、50万円と認めるのが相当である。

応用と見直し

名誉毀損の違法性に関する最高裁判例

　事実を摘示した名誉毀損について、本判決も援用しているとおり、最一小判昭41・6・23は、「民事上の不法行為たる名誉棄損については、その行為

が公共の利害に関する事実に係りもっぱら公益を図る目的に出た場合には、摘示された事実が真実であることが証明されたときは、右行為には違法性がなく、不法行為は成立しないものと解するのが相当であり、もし、右事実が真実であることが証明されなくても、…行為者においてその事実を真実と信ずるについて相当の理由があるときには、右行為には故意もしくは過失がなく、結局、不法行為は成立しないものと解するのが相当」と判断した。最一小判昭58・10・20は、新聞記者に公表した告発事実について重要な部分につき真実性の証明があった場合には、告発および公表はいずれも不法行為とならない旨を判断した。

名誉毀損の違法性に関する裁判例

NPO法人B会ほか事件（福岡高判平30・1・19）は、「本件記者会見における摘示事実は、控訴人（一審被告）らがセクハラ、パワハラに当たる行為をしたとの事実も含まれる…が、…事実は真実であると認められるから、被控訴人（一審原告）X2が控訴人らに対し、本件記者会見に係る名誉毀損について損害賠償責任を負わない」、「被控訴人X1が解雇されたことは真実である上、…控訴人Yが被控訴人X2に対し、わいせつ行為をしたこと及び…社会通念上許容される範囲を超えた違法な言動をしたことはいずれも真実であると認められることからすれば、…名誉毀損に係る本件記者会見における摘示事実のうち重要な部分について真実性の証明があった…。したがって、被控訴人X1は、控訴人らに対し、本件記者会見による名誉毀損に係る損害賠償責任を負わない」と判断し、名誉毀損行為の違法性を否定した。

プラダジャパンほか事件（東京地判平25・11・12）は、日本法人の女性従業員（被告）が、ハラスメントや年齢・容姿等外見的な理由による人事対応、従業員に対する自社製品の購入強制が行われているなどの情報をマスメディアに提供し、それが報道されて、ブランドの名誉・商標価値が毀損されたと会社が損害賠償を求めた事案である。マスメディアの各記事等の重要な部分が真実であることが立証されたということはできず、また、被告が、セクハラや年齢、容姿等外見的な理由による降格・異動処分等が行われていると信じたとしても、そのことについて相当の理由があるとは認められないと判断し、損賠賠償請求が認容された。その控訴審（東京高判平26・5・29）は、控訴および附帯控訴を棄却した。

実務上の留意点

　解雇事件等の訴訟提起に際して記者会見が行われる場合がある。しかし、その場合であっても、被告企業の名誉を毀損する発言を行ったときは、摘示された事実の重要な部分について、真実であると証明するか、その事実を真実と信ずるについて相当の理由があることを証明しなければ不法行為が成立するから、注意を要する。

　本判決に対する上告は棄却された（最決令2・12・8）。

MEMO

解雇撤回後も不就労、
パワハラ原因でうつ病？

－豊榮建設従業員事件－ （大津地裁彦根支判令元・11・29）

弁護士　石井　妙子　　　　　　　　　　　　［労判 1218 号 17 頁］

> 　解雇撤回後も復職できなかったのは、うつ病が原因で会社に責任があるとしてバックペイを求めた。解雇後に発症しパワハラがあったと労災認定されていた。裁判所は、解雇は不当であり不法行為が成立するとして慰謝料請求を認めたが、解雇通知でショックを受けたとしても業務でうつ病をり患したことには大きな疑問があるとして、復職しないのは「自身の都合」によるものと賃金請求権を否定。会社が立て替えた社会保険料について、本人への求償を認めた。

業務で発症か疑問で復職しないのは本人に責任

 事案の概要

　Y は、X 社においてダンプの乗車業務等に従事していた者である。Y の勤務態度等に関して X 社代表者の X2 とトラブルになるなどしていたところ、X 社は、Y に対し平成 27 年 4 月 14 日に、6 月 15 日をもって解雇する旨を通知した。その後 7 月 17 日に、X 社は Y に対する解雇通知を撤回し、職場復帰を求める意思表示をしたが、Y は、解雇後、うつ病等を発症したと主張し（その後、労災認定もされている）、診断書を提出して職場復帰に応じなかった。そのため、X 社は、解雇撤回後は賃金支払い義務のないことの確認と、その間に立て替えた社会保険料の支払いを求めて提訴し、Y は、うつ病の原因は、X 社および X2 によるパワハラであり、解雇撤回後も職場復帰できないことについて X 社に帰責事由があるとして、この間の賃金請求をするとともに、パワハラおよび本件解雇について、安全配慮義務ないし不法行為に基づく損害賠償請求をした。また、X2 は Y のパワハラを理由とする請求が不当提訴であるとして、Y に対し損害賠償請求をした。

判決のポイント

1 賃金請求権及び立替金

　X2 による暴行、誹謗中傷、人格を貶めるような言動はないと認められること、…Y が、医師に対して、（診断の）判断の前提となる重要な事項の説明を行っていないこと、裁判手続室において X2 と顔を合わせたときの Y の言動（特段怯えたり等がない）が X2 のパワハラ行為等によってうつ病等にり患し、その結果、職場復帰が困難であるとの点にそぐわないこと等を踏まえると、解雇通知等によって一定の精神的なショックを受けたことは否定しないが、それによってうつ病等にり患したとの点には大きな疑問があり、この点については認め難いと言わざるを得ない。よって、本件解雇撤回通知以後、Y が復職しないことについては、うつ病等を原因とするものとは認められず、その他 X 社ないし X2 の行為を原因として復職が妨げられていることも認められない。Y が復職しないのは、Y 自身の都合によるものであると認められ…、解雇撤回の翌日から原職復帰して稼働するまでの間、賃金請求権は認められない。

　賃金請求権が認められない以上、X 社は、…立て替えた社会保険料等について求償することができる。

2 X 及び X2 による不法行為

　X2 が感情的になって Y に対して言い過ぎた点は否定できないが、意見の食い違う当事者間で多少感情的な物言いになったにすぎず、人格を誹謗中傷するようなもの等とまではいえず、損害賠償請求をする必要がある違法な行為とまでは認められない。

　本件解雇通知については、解雇権の濫用に当たるといえ、そのような行為を X2 があえて行っているので、不法行為として認められる。…しかし、進んでうつ病等にり患したとの点については、認め難いのであるから、不当な解雇を突き付けられ、…撤回されるまでのおよそ 3 か月間、そのような不安定な状況下に置かれた精神的な苦痛の限度で損害を認めるべきである（慰謝料 70 万円等）。

　なお、解雇撤回までの間の休業損害ないしは賃金請求をすることができるが、それ以上の労災保険給付金を受領していることから、損益相殺の結果、請求は認められない。

損害賠償

3 Yによる不当提訴（不法行為）

　Yも一応の根拠をもって提訴したものであり、直ちに不法行為を形成するものとは認められない。

 応用と見直し

　解雇の効力の争われ方としては、労働者側が解雇無効を主張し、解雇日からの賃金バックペイを請求するのが典型である。使用者側としては、解雇の有効性を主張・立証することになる。

　ところが、使用者があっさり解雇を撤回し、職場復帰を求めるという例がある。解雇の意思表示は使用者による一方的な労働契約解除なので、労働者の同意なくして撤回することはできないという論点はあるが、解雇無効を認めて職場復帰を求めるというのであれば、労働者側の同意は問題とならず、撤回可否の議論の実益はないと思われる。

　さて、解雇撤回されても、信頼関係を基盤とする雇用関係において、いったん紛争になった以上、そう簡単には戻れないのが人情である。その場合に、本人のわがままで就労しないのだから、解雇撤回後の賃金バックペイは必要なしといえるのであろうか。中に

は、復帰に応じないことを正当な理由のない欠勤として、第二次解雇に突入する例もある。近年、このような解雇撤回後の不就労をめぐるトラブルが散見されるようになった。

　本件は、復帰に応じなかった場合の賃金に関する判例であるが、まず、ノーワーク・ノーペイが原則の雇用関係において、解雇されて、労務提供をしていないのに、賃金のバックペイが必要なのはなぜかが出発点となる。この点については、民法536条2項前段を根拠に、労務提供できなかったのは使用者の不当な解雇によるものであるから、債権者（この場合使用者）の責に帰すべき事由による債務（労務提供）の履行不能として、債権者（使用者）は、反対給付である賃金の支払いを拒むことはできないとされる。

　ただし、労働者側に労務提供をする用意（能力と意思）のあることが必要であるとの見解が有力であり（東京地判平31・4・25、東京地判平9・8・26）、当該企業での就労意思を喪失している場合は、賃金請求権は発生しないとされる。解雇撤回・復帰要請に応じない場合は、就労意思の喪失が問題とされることになる。

　もっとも、職場環境の調整や、労使間のトラブルの解決がないまま、撤回

通知から短期間での復帰を命じる等の事情がある場合には、出社しなかったからといって、就労意思を喪失していたわけではないと認定されたり、労働者が就労できないのは、依然として使用者の責に帰すべき事由によるものであるとされ、賃金支払いを免れない。

　本件も使用者側に帰責事由があって復帰できないものであると主張した例である。解雇撤回したのに、復帰しないのはどちらの責任か、というのは判定が困難な問題であるが、本件の場合は、事案の経緯を丁寧に判断した結果、労基署による労災認定にもかかわらず、パワハラによるうつ病罹患を否定している。戻ってこない、戻れないといったことを狙って解雇を撤回したような事案ではなく、使用者が真摯に関係修復、復職を求めた事案との心証があったものと思われる。

MEMO

性自認は女性、トイレ一部使用できず賠償請求

－経済産業省事件－（東京地判令元・12・12）

弁護士　緒方　彰人　　　　　　　　　　　　　　［労経速2410号3頁］

　戸籍上の性別が男性で、自らを女性と認識するトランスジェンダーの職員が、女性トイレの使用を制限されたため損害賠償を求めた。東京地裁は、自認する性別に即した社会生活を送ることは重要な法的利益と判示。性同一性障害と診断後、ホルモン投与により女性に性的な危害を加える可能性は低く、外見も踏まえたうえで、使用制限を違法と判断した。企業の取組みにも変化が生じているとしている。

職員は性同一性障害で制限は違法と賠償を命令

 事案の概要

　原告は、経済産業省にて勤務する国家公務員である。トランスジェンダー（出生した時に割り当てられた性別と自認している性別とが一致しない状態またはその状態の者）であり、専門医から性同一性障害の診断を受けている。

　原告は、幼少の頃から、自らの身体的性別が男性であることに強い違和感を抱いており、平成10年頃からは、女性ホルモンの投与や性同一性障害の専門医によるカウンセリングを受けるようになり、平成11年頃には、a医師から性同一性障害という診断を受けた。平成20年頃からは、私的な時間の全てを女性として過ごすようになり、平成21年7月にe医師からも性同一性障害という診断を受けたが、性別適合手術までは行っておらず、戸籍上の性別も男性である。

　平成21年、原告は、職場のbに対し、性同一障害であることを伝えるとともに、秘書課のc調査官らとの面談に際し、女性職員として勤務すること、女性用休憩室や女性用トイレの使用を認めることなどを要望した。しかし、経産省は、原告に対し、一部の階の女性トイレの使用を認めなかった。そこで、原告は、本件トイレに係る処遇は違法であるなどとして国に対し国家賠償法1条1項に基づく損害賠償を求め訴訟提起した。

判決のポイント

①本件トイレに係る処遇…は、専ら経産省が有するその庁舎管理権の行使としてその判断の下に行われている。

②性別は、社会生活や人間関係における個人の属性の一つとして取り扱われており、個人の人格的な生存と密接かつ不可分のもの…であって、個人がその真に自認する性別に即した社会生活を送ることができることは、重要な法的利益として、国家賠償法上も保護される…。…男女別のトイレを設置し、管理する者から、その真に自認する性別に対応するトイレを使用することを制限されることは、当該個人が有する上記の重要な法的利益の制約に当たる。

③生物学的な区別を前提として男女別施設を利用している職員に対して求められる具体的な配慮の必要性や方法も、一定又は不変のものと考えるのは相当ではなく…当該性同一性障害である職員に係る個々の具体的な事情や社会的な状況の変化等を踏まえて、その当否の判断を行うことが必要である。

④原告は…性同一性障害の専門家であるe医師が適切な手順を経て性同一性障害と診断した者であって…経産省においても、女性ホルモンの投与に

よって原告が遅くとも平成22年3月頃までには女性に対して性的な危害を加える可能性が客観的にも低い状態に至っていたことを把握していた…。…庁舎内の女性用トイレの構造に照らせば…利用者が他の利用者に見えるような態様で性器等を露出するような事態が生ずるとは考えにくいところである。原告については、私的な時間や職場において社会生活を送るに当たって、行動様式や振る舞い、外見の点を含め、女性として認識される度合いが高いものであったということができる。トランスジェンダーの従業員に対して…制限なく女性用トイレの使用を認めた…民間企業の例が…少なくとも6件存在し…性自認に応じたトイレ等の男女別施設の利用を巡る国民の意識や社会の受け止め方には、相応の変化が生じている…。これらの事情に照らせば…トラブルが生ずる可能性は、せいぜい抽象的なものにとどまるものであり、経産省においてもこのことを認識することができた。

⑤したがって…庁舎管理権の行使に当たって尽くすべき注意義務を怠ったものとして、国家賠償法上、違法の評価を免れない。

応用と見直し

　一般的に、人は、身体的性別差に応じて法的あるいは社会的な処遇を受けるが、係る処遇は、身体的性別と自認している性別が一致しない性同一性障害を有する人にとっては、自認している性と異なる処遇を受けることとなる。

　本件は、自認する性別に対応したトイレの使用を制限したことの違法性が問題となった。まず、本件は、違法性判断に当たり、性別は、個人の属性として人格的な生存と密接かつ不可分のものとして、自認する性別に対応するトイレの使用を制限されることは、自認する性別に即した社会生活を送るという個人の重要な法的利益を制約するとした。

　これまでにも、性同一性障害を有する人に自認する性別と異なる処遇をしたことを違法とするものがあったが、「多大な精神的苦痛を被る状態にあった」（女性風の服装・化粧をしないよう命じられた事案。S社〈性同一性障害者解雇〉事件＝東京地判平14・6・20）とか「人格の根幹部分にかかわる精神的苦痛を受けた」（会員制ゴルフクラブの入会を拒否された事案。東京高判平27・7・1）とするなど、自認する性別に即した社会生活を送ること自体の法的利益性にはとくに言及せず、精神的利益の制約として捉えてきたように思われる。

　これに対し、本件は、自認する性別に即した社会生活を送ること自体を重要な法的利益とするとともに、それを「人格的な生存と密接かつ不可分」のものとして、人格権的利益と位置付けている点に特徴がある。そのうえで、個々の具体的事情や社会的な状況の変化等を踏まえて、違法性を判断するとして、原告が、性同一性障害と診断され、女性ホルモンの投与を受けるなど、女性に性的な危害を加える可能性が低くなっていたこと、トイレの構造から性器等を露出する事態が生ずるとは考えにくいこと、原告は、行動様式・振舞い・外見を含め、女性として認識される度合いが高かったこと、トランスジェンダーによる性自認に応じたトイレ等の利用を巡る国民の意識や社会の受止め方に相応の変化が生じていること等から、原告に女性用トイレの利用を認めた際にトラブルが生ずる可能性は抽象的なものであるとして、本件トイレ処遇の違法性を認めた。

　このように本件は、原告の診断歴・治療歴・外見等や本件トイレの構造等を踏まえて違法性を認定した事例判断

である。そのため、一般的に、性同一性障害を有する者に対し、自認している性別に即した処遇をしないことの違法性を認めたものではない。しかし、本判決が、自認する性別に即した社会的生活を送ること自体の法的利益性を認めるとともに、性同一性障害を有する人に対して求められる具体的な配慮の必要性や方法は、社会的な状況の変化などを踏まえて判断されるものであると判示したことには留意を要する。今後の同種事例の動向にも留意を要しよう。

MEMO

退職拒否後も面談繰り返した会社へ慰謝料請求

－日立製作所事件－（横浜地判令2・3・24）

弁護士　中町　誠

［労判ジャ99号2頁］

> 　退職勧奨を拒否後も面談を繰り返して退職を迫られたなどとして、会社に対し慰謝料等を求めた。横浜地裁は、説得を継続することは直ちに禁止されないが、上司は執拗に面談を繰り返し、「他部署での受入れは困難」との発言は根拠が乏しいうえ、能力がないのに高い給料を得ているなどの自尊心を傷付ける発言もしており不法行為が成立するとして、20万円の賠償を命じる。

執拗に勧奨継続し不法行為、自尊心損ね慰謝料20万円

 事案の概要

 判決のポイント

事案の概要

　原告は、総合電機メーカーである被告において、ソフトウェア関連の業務に従事してきた。

　本件は、原告が、被告に対し、(1)被告から違法な退職勧奨およびパワーハラスメントを受けたと主張して、不法行為に基づき、慰謝料100万円等を求め、(2)被告により原告に対する違法かつ無効な査定が行われ、賃金が減額されたと主張して、雇用契約に基づく賃金支払請求権または不法行為に基づき、違法かつ無効な査定がなかった場合との差額の賃金および賞与等の支払いを求めた事案である。

判決のポイント

　1、退職勧奨は、その事柄の性質上、多かれ少なかれ、従業員が退職の意思表示をすることに向けられた説得の要素を伴うものであって、一旦退職に応じない旨を示した従業員に対しても説得を続けること自体は直ちに禁止されるものではなく、その際、使用者から見た当該従業員の能力に対する評価や、引き続き在職した場合の処遇の見通し等について言及することは、それが当該従業員にとって好ましくないものであったとしても、直ちには退職勧奨の違法性を基礎付けるものではない。しかし、A部長による退職の勧奨は、原告が明確に退職を拒否した後も、複数回の面談の場で行われており、各

面談における勧奨の態様自体も相当程度執拗である上、本件全証拠上、確たる裏付けがあるとはうかがわれないのに、他の部署による受入れの可能性が低いことをほのめかしたり、原告の希望する業務に従事して被告の社内に残るためには他の従業員のポジションを奪う必要があるなどと、殊更に原告を困惑させる発言をしたりすることで、原告に対し、退職以外の選択肢についていわば八方塞がりの状況にあるかのような印象を、現実以上に抱かせるものであったというべきである。また、A部長は、原告に対し、単に業務の水準が劣る旨を指摘したにとどまらず、執拗にその旨の発言を繰り返した上、能力がないのに高額の賃金の支払を受けているなどと、原告の自尊心を殊更傷付け困惑させる言動に及んでいる。以上の事情を総合考慮すれば、上記面談におけるA部長による退職勧奨は、労働者である原告の意思を不当に抑圧して精神的苦痛を与えるものといわざるを得ず、社会通念上相当と認められる範囲を逸脱した違法な退職勧奨であると認めるのが相当であり、不法行為が成立する。そして、A部長の同不法行為は、被告の業務執行に関してなされたものといえるから、被告は、…使用者責任を負う（慰謝料20万円）。

2、本件GPM評価制度そのものを不公正かつ違法な制度であるということはできない。…評価について、使用者の裁量権を逸脱した違法はない。

応用と見直し

新型コロナウイルスの影響で雇用情勢が急激に悪化し、新聞紙上でも退職勧奨等のリストラが取り上げられるようになった。本件は、新型コロナとは直接関係がないものの、退職勧奨の場面での上司の言動が不法行為やパワハラに該当するかが争われた事案について、合議体判決で詳細に認定判断をしており、タイムリーな判断として、参考に値しよう。

本判決は、一般論として、説得の継続は必ずしも禁止されるものではなく、その際当該社員の評価や今後の処遇の見通しを告げることは直ちに違法とはいえないとする。しかし、一方で社員の意思を不当に抑圧して精神的苦痛を与える言動は不法行為になるとする。

具体的には、退職拒否の意思表示後も執拗に面談をしていること、根拠の乏しい他の部署での受入れ困難との発言、社内に残るためには他の者のポジションを奪う必要があるなどとの本人

を困惑させる発言、業務水準が低いことを繰り返し指摘、能力がないのに高額の賃金を得ているなどの自尊心を傷付ける発言などが問題とされ、不法行為の成立が肯定された。

本人が退職を拒否する意思表示をした後も勧奨を執拗に継続した点は、過去の裁判例でも問題視されることが多い。

同種の裁判例である山口地裁周南支判（平30・5・28）は一般論として「退職勧奨に際して、労働者の自発的な退職意思を形成する本来の目的実現を超えて、当該労働者に対して、不当な心理的圧力を加えたり、又は、その名誉感情を不当に害するような言辞を用いたりした場合には、違法なものとなる」と本判決と同様の説示をする。

当該事件の具体的な言動としては、当該社員が退職すれば人件費が浮く、当該社員は嫌われていて、誰も一緒に仕事をしたくないなどいうもので、名誉感情を不当に害するような言辞を用いており、精神的な攻撃を加えるものと判断されている。この点に関する当該社員が能力不足との会社側の反論に対しては、そのような問題があったとしても、名誉感情を侵害したり、不当な心理的圧力を加えたりする違法、不当なパワハラ行為をすることは、到底

正当化されないとしている。また、神戸地裁姫路支判（平24・10・29）は、退職勧奨の場面での「自分で行き先を探してこい」「管理職の構想から外れている」「ラーメン屋でもしたらどうや」「管理者としても不適格である」「○○法人の権威を失墜させている」「君は人事一元化の対象に入っていない」「異動先を自分で探せ」などの発言が本人の名誉感情を不当に害する侮辱的な言辞とされている。

ちなみに、パワハラ指針（令2・1・15厚労省告示5号）では、精神的な攻撃（脅迫・名誉棄損・侮辱・ひどい暴言）がパワハラに該当するとしてその例示として「①人格を否定するような言動を行うこと。相手の性的指向・性自認に関する侮辱的な言動を行うことを含む。②業務の遂行に関する必要以上に長時間にわたる厳しい叱責を繰り返し行うこと」を挙げている。退職勧奨の言動の違法性もほぼ軌を一にするものと考えて良いであろう。

退職勧奨に応じない場合の使用者の対応が問題とされる裁判例も多い。たとえば、前掲神戸地裁姫路支判では、退職勧奨拒否後の出向命令について、本人を退職に追い込もうとするまたは本人が退職勧奨に応じることを期待するという違法・不当な動機に基づいて

行われたもので当該出向命令は権利を濫用したものとして違法としている。退職勧奨に応じない者に対する業務上の差別も違法とされる（たとえば、仕事を与えないあるいは無意味な業務を課すなど。これらは前掲パワハラ指針でパワハラにも該当するとされる）。

MEMO

パワハラ事実ないと団交拒否し

不当労働行為？

－国・中労委（N）事件－（東京地判平 30・12・20）

弁護士　岡芹　健夫　　　　　　　　［労判 1210 号 52 頁］

> 　団交で雇止め撤回やパワハラの謝罪を求められた会社が、雇止め理由は十分説明し、パワハラもないとして交渉を打ち切った事案。会社は、パワハラをめぐる団交拒否を不当とした中労委命令の取消しを求めた。東京地裁は、団交の本質的な要求は雇止め撤回と判断。パワハラの有無を録音等の証拠に基づき議論できないことをも鑑みれば、交渉に応じなかったのもやむを得ないとした。

交渉の本質的な要求でないとし、中労委判断を覆す

 事案の概要

　ア　Y社は郵便の業務等を営むことを目的とする株式会社である。X労組は、Y社の期間雇用社員等により組織された労働組合である。

　イ　Aは、Y社に吸収合併されたZ社との間で、平成22年4月より期間を6カ月とする有期雇用契約を締結・更新し、平成24年10月より、Y社との間で期間を6カ月とする有期雇用契約（以下「本件雇用契約」）を更新した。

　ウ　それに先立つ平成24年4月、Xは通勤災害に遭い治療のため欠勤を続けた。同年8月23日、Y社のB副部長はXに対し電話で、欠勤状態にあるもののY社に在籍しているためにY社は要員不足のまま人員補充ができないこと、欠勤が続けば同年9月30日を以て雇用契約が終了する旨を伝えた（以下、B副部長の発言を「B副部長発言」）。それを受け、雇止めを恐れたAはX労組に加入した。

　エ　同年10月には本件雇用契約が更新されたものの、これ以降Aの勤務実績はなく、職場復帰の見込みもないとして、Y社は、平成25年2月27日に、Aに対し、同年4月以降は本件雇用契約を更新しない旨を通知した。

　オ　X労組は、雇止めの撤回を求めてY社に団交を申入れ、平成25年3

月に2回の団交が行われた。その席上、大要、X労組は、雇用契約が更新を重ねている場合には雇止めが許されないこと、Y社は、本雇用契約の更新回数、通算期間に照らして解雇法理が類推適用される可能性はなく、また、Xの勤務実績に鑑みれば契約不更新については客観的かつ合理的な理由が存在すると主張した。

また、席上、AはB副部長発言について、「私が働かない限り新しい人員を雇えないから迷惑だっていうことを言われたんです。それもパワーハラスメントじゃないんですか」との指摘をした。

X労組は、雇止めの質疑の中で、B副部長につき、退職強要を意図したものであり、Xが辞めなければ新たに人員を雇えないという同発言が嘘であったと指摘したところ、Y社はそれを否定し、Y社の状況を踏まえて適正に判断したうえで、新たに労働者を採用した旨を回答した。

第2回目の団交にて、Y社は、第1回の団交と同じ説明を求められていることを指摘し、団体交渉の進展が見込めないので、団交を打ち切りたい旨告げた。

カ　その後、Y社は本件契約の更新を拒絶したところ（以下「本件雇止め」）、X労組は複数回にわたり団交申入書（以下「本件団交申入書」）を提出し、団交を申し入れた。Y社は、既に本件雇止めについて十分な説明を行ったこと、Xに対してパワーハラスメントを行った事実は存在しない旨回答し、団交を拒否した。

キ　X労組は、東京都労働委員会（以下「都労委」）に、本件雇止め等が不当労働行為であるとし救済申立てを行ったところ、都労委は、本件雇止めによる労組法7条1号違反は否定したものの、本件雇止めについての労組法7条2号違反（誠実団交義務違反）を認定した。

X労組、Y社双方が中央労働委員会（以下「中労委」）に再審査申立てを行ったところ、本件雇止めに関する団交に関しては労組法7条2号違反を否定したが、Xへのパワーハラスメントに関する謝罪要求に係る団交をY社が拒否したことにつき労組法7条2号違反を肯定した。

これを受け、Y社が上記中労委命令の取消しを求めて提訴した。

判決のポイント

本件団交申入書に記載された…B副部長発言を…パワーハラスメントの

一つとして主張し、…謝罪の要求に係る団交を求めていたこと自体は、Ｙ社としても推知…できたというべきである。

　Ｂ副部長発言…に対する謝罪の要求は、…本件雇止めに関連する他の複数の交渉事項の一つとして…挙げてはいたものの、…謝罪の要求自体が団交申入れにおける組合の本質的な要求であったと解することはできない。中労委命令においては、本件雇止めの撤回とは別個独立した議題として認定されたことは、…形式的にすぎる。

　本件雇止めに関してＹ社が団交を拒否したことについては、Ｙ社…は、雇止めの理由について相応の説明を尽くしていたのに対し、Ｘ労組…は、…具体的な反論等を行うことなく、労働契約法19条の規定に関する自らの見解に固執して本件雇止予告通知の撤回を要求するのみで…、…Ｙ社が…更新しない旨の判断をしたことが合理的な理由を欠くものと断ずるに足りる事情をうかがうことができないことなどに照らすと、中労委の命令の当該判断は相当なものであると思料するところである。

　（以上の前提に加え、「事案の概要」オにおける団交において）Ｘ労組…は、Ｙ社の説明を無視し、Ｂ副部長が虚偽を述べて退職を要求したなどと断定して、そのことを追及する姿勢に終始し…、本件団交申入書においても、Ｂ副部長発言についての…Ｙ社側の説明等を踏まえた質問や要求などが記載されていなかったこと、…Ｂ副部長発言が…録音等の客観的な証拠に基づいて議論ができるようなものではなかったことをも考慮すれば、…本質的要求とは解されない…謝罪要求に係る団体交渉にそれ以上応じなかったことも、やむを得ない。

 応用と見直し

　本件事案におけるＸ労組とＹ社との交渉の主要事項が本件雇止めの撤回にあったことは確かであり、中労委は、上記主要事項については、Ｙ社は説明、交渉を尽くしたものの、その交渉過程で出てきたＢ副部長発言に対する謝罪要求に対しては交渉を尽くしていないとして、労組法7条2号違反を肯定した。本件判決は、当該謝罪要求はあくまで派生的事項に過ぎないとの解釈を前提に上記中労委の判断を修正した。しかし、こうした「派生的」か否かの判断は、具体的事案に即して各判断者ごとに行われるため、微妙なところもある。現に、本件判決の控訴

審（東京高判令元・7・11）では、当該謝罪要求を本件雇止め撤回とは別個独立の要求事項と捉え、前者について、Y社が団交を拒否する正当な理由の存在を否定するに及んでいる（本件判決破棄）。

思うに、使用者としては、労働組合から提出される団交申入れに対しては、その要求事項（ことに形式的にでも書面に記載されているもの）については、網羅的な対応をしておくこと（できれば、その対応を書面等の証跡に残しておくこと）が無難ということができよう。

MEMO

"支配介入"を会社否定、

労委が即時救済求める

— 社会福祉法人札幌明啓院事件 — （札幌地判令元・5・31）

弁護士　緒方　彰人　　　　　　　　　　　　　　　［労判 1218 号 36 頁］

> 　組合書記長の配転を支配介入であり不当とした労働委員会の救済命令に会
> 社が従わず、労委が強制的に履行を求める「緊急命令」の発令を求めた。会社は、
> 救済命令の取消訴訟を提起していた。札幌地裁は、労使紛争は長期化し悪化の
> 一途をたどっており、労組の団結権侵害が著しく進行し、回復困難なおそれが
> あるとして、緊急命令を発令。罰則付きで履行を義務付けた。

配転禁じる罰則付きの緊急命令を発令

 事案の概要

　申立人は、労働委員会である。相手方は、H 救護施設などを運営する法人である。

　S 労働組合と法人は、D 施設長が本件救護施設長に再び就任した後の平成 25 年〜 26 年にかけて、激しく対立するようになり、平成 26 年 4 月 28 日、組合は、不当労働行為救済申立てを行った（以下「先行事件」という）。

　翌 27 年 7 月 21 日、申立人は、法人に対し、①団体交渉申入れに対して、「文書で報告のとおりであり、これ以上の回答はない」旨の書面を交付することにより支配介入してはならな

い、②団体交渉確認書で確認した、就業規則改正の理由等を明記した文書を提示しないことなどにより支配介入してはならない、③救護施設内の集会室を開催場所とすることを拒否し、参加人数を制限することにより、団体交渉を拒否してはならないなどの命令を発した。

　法人は、先行事件の命令について、中労委に再審査申立てを行ったが、中労委は、同命令の一部を認容した。これに対し、法人は、取消訴訟を提起するとともに、組合に対し、中労委命令を履行する考えはないことを回答した。

　平成 29 年 12 月 13 日、先行事件

の取消訴訟について棄却する旨の判決がなされたため、法人は控訴した。このような中、法人は、平成28年2月18日付辞令において、組合の書記長であり、本件救護施設の生活指導員Cを、本件救護施設1階の生活支援員（介護職員）へ配置転換した。

そのため、組合が、本件配置転換について、労組法7条1号および3号に該当する不当労働行為であるとして、救済申立てを行った。平成30年9月28日、申立人は、本件配置転換について、生活指導員を減員する業務上の必要性や人選に相当性がないとまで断定することができないとしつつも、先行事件を機に労使紛争が発生し悪化の一途をたどっていたこと、Dが組合およびCに対する敵対的意思をうかがわせる言動を行っていたこと、Cは組合の中心的人物であったこと、本件配置転換が事前説明や内示を一切行わずに実施するという異例の取扱いであったことなどから、Cの組合所属を決定的動機としたものであるとして、法人に対し、①Cについて組合員であることを理由に生活支援員への配置転換を命じるという不利益な扱いをしてはならない、②組合と一切協議を行うことなく一方的にCに対し生活支援員への配置転換を命じて、組合の運営に

支配介入してはならないなどという命令（以下「本件命令」という）を発した。

これに対し法人は、本件命令の取消しを求める行政訴訟を提起するとともに、本件命令交付後も、本件命令主文を任意に履行する態度を示さなかった。そこで、申立人は、緊急命令の申立てを行った。

 判決のポイント

一件記録によれば、本件命令の認定及び判断に重大な疑義があるとはいえず、これらは適法であると一応認められる。そして、一件記録によれば、相手方（法人）は、申立人が本件命令を発してから現在まで本件命令…を履行しておらず、また、本件命令の取消請求事件の判決の確定に至るまで相手方が…履行しない状態が継続した場合、組合の団結権侵害が著しく進行し、回復困難な損害が生じるおそれがあると一応認められるから、緊急命令を発する必要性があるというべきである。以上によれば、本件申立ては理由があるからこれを認容する。

応用と見直し

　緊急命令は、使用者が都道府県労委または中労委の救済命令に対し取消の訴え（労組法27条の19）を提起したため命令が未だ確定しない間に、受訴裁判所が、労働委員会の申立てにより、決定をもって、使用者に対し判決の確定に至るまで救済命令の全部または一部に従うべき旨を命じる命令のことであり（労組法27条の20）、同命令に使用者が違反した場合には、50万円以下の過料が科される（労組法32条前段）。

　救済命令は、命令交付の日から効力が生じ（労組法27条の12第4項）、取消訴訟の提起によってその効力が停止されるわけではないが（行訴法25条1項）、命令違反に対する罰則は、取消訴訟の判決確定後に初めて発動される（労組法28条）。そこで、不当労働行為に対する迅速な救済を実現するため、取消訴訟の進行中に、使用者に対し暫定的に救済命令の履行を強制させようとするものが緊急命令である。

　緊急命令は、暫定的に救済命令の履行を使用者に強制するものであるため、同命令を発令するためには、①暫定的に履行を強制する必要性（即時救済の必要性）が要件となる（菅野和夫「労働法」）。この即時救済の必要性は、ⅰ使用者が救済命令を自発的に履行する意思を有するか否かを基本としつつ、ⅱ労働者の個人的被害の救済の必要性、ⅲ労働組合の団結活動一般に対する侵害の除去・是正の必要性、ⅳ緊急命令発令により使用者が被る打撃・影響の程度等を考慮して判断される。

　また暫定的命令とはいえ、一見して違法と認められる救済命令について緊急命令を発令することは相当でないため、裁判所は、緊急命令申立ての当否を判断するに当たり、①即時救済の必要性とともに、②当該救済命令の違法性についても審査することができるが、②救済命令の違法性については、当事者が提出した資料の暫定的検討から命令の適法性（維持可能性）に関する重大な疑義があるかどうかを検討すれば足りる（吉野石膏事件＝東京高決昭54・8・9）。

　本件も、前記に沿って、②本件命令の認定および判断に重大な疑義があるとはいえないこと、①相手方が本件命令を履行していないこと、かかる状態が継続した場合、組合の団結権侵害が著しく進行し、回復困難な損害が生じるおそれがあるとして緊急命令を発令したものである。緊急命令は、暫定的

とはいえ、救済命令の履行を強制するものであり、労使双方に与える影響の大きさから、裁判所は、救済命令の取消訴訟の判断時まで緊急命令に関する判断を留保し、救済命令の適法性を肯定する判決を出すのと同時に緊急命令の判断も行いそれを発出するのを実務の通例としているが（前掲菅野）、本件は、取消訴訟の審理中に、緊急命令を発令した点において特徴を有する。相手方は、先行事件の救済命令についても応ずる意向を示しておらず、労使間の紛争が長期化しているということも、本件において、取消訴訟の審理中に緊急命令が発令された要因の1つになっていると思われる。

MEMO

貸与する組合事務所を使いたいと明け渡し要求

－ヤマト交通事件－（東京高判令元・7・3）

弁護士　中町　誠　　　　　　　　　　　　　　　　　　　［労判 1210 号 5 頁］

> 会社が労働組合に対し、無償貸与する組合事務所の明け渡しを求めた。会社は書類保管場所として使用する必要性を主張した。東京高裁は、返還を請求する正当な理由がある場合、使用貸借契約は終了するとしたうえで、適切な代替施設を提供したか否かが重要と判断。提示した防犯カメラ付きの食堂や 5 キロ離れた営業所などは、配慮が不十分など不適切として請求を斥けた。

事務所代替施設は配慮を欠いて不十分と判断

 ### 事案の概要

　本件は、タクシー会社である原告（控訴人、以下「会社」という）が、会社従業員の一部を構成員とする労働組合である被告（被控訴人、以下「組合」という）に対し、組合事務所として無償で貸し渡していた会社の本社建物の一室について、会社の業務関係書類を保管する場所として使用する必要性が生じたと主張して、使用貸借契約の終了に基づき、本件事務所の明渡しを求めた事案である。第一審（東京地裁立川支判平 31・1・21）が、会社の明け渡し請求を棄却したため、会社が控訴に及んだ。

 ### 判決のポイント

　1、会社と組合との間には、本件事務所について、その使用目的を組合事務所とする期間の定めのない使用貸借契約が締結されていたと認めるのが相当である。

　2、企業施設内に設けられた組合事務所が、実際上、組合活動の本拠として組合の維持、運営ひいては団結権確保のための手段たる機能を果たしている以上、組合事務所としての使用を終わらないうちは、原則として使用貸借契約は終了しない…が、組合事務所の無償貸与は、使用者による恩恵的な便宜供与の性格を有することも否定できないから、使用者がその返還を請求するに足りる正当な理由がある場合に

は、使用者と組合との間の使用貸借契約が終了するものと解すべきである。そして、使用者が組合事務所として使用するのに適切な代替施設を提供したか否か、使用者による組合事務所の返還請求が組合の運営及び活動に対する妨害といった他事考慮に基づくものである疑いがあるか否かは、返還を請求するに足りる正当な事由の有無を判断する上で重要な要素といえる。

3、会社が本件事務所を使用する必要性は肯定し難い一方で、組合がこれを使用する必要性は極めて高いものと認められる。（会社提案の本社建物の）食堂部分は、…いつ誰が同食堂部分を使用するかわからないこと、同所には、現金を取り扱う…関係上、防犯カメラも設置されている…。…同食堂部分は、組合による専有を認められている本件事務所と比較して、組合活動に対する配慮が十分であるとはいえない。

（会社提案のA営業所のユニットハウスについて）A営業所は、…本社建物から5キロメートル程度離れており、…本社と往復する場合、その交通費として往復780円を要すること、組合の組合員の多くは本社勤務であり、仮に組合事務所が同営業所に移転した場合には、組合員からの急な相談に対する対応や、団体交渉の事前準備等のために、組合員が同営業所と本社とを往来する必要が生じることが認められる。このような事実に照らせば組合の組合事務所を同営業所に移転させるという会社の代替案は、組合の組合活動に対し、現状と比較して大きな負担を生じさせるものというべきである。

会社が提供を申し出ている各施設は、いずれも本件事務所の代替施設として適切であるとはいえない。

4、民法597条2項ただし書にいう「使用及び収益をするのに足りる期間を経過した」か否かは、使用貸借契約に定めた目的に照らして判断すべきところ、上記目的は、契約成立当時における当事者の意思から推測されるより個別具体的なものをいうと解される…。…本件においては、企業内労働組合である組合がその組合事務所として用いる目的で使用者である会社の本社建物内に所在する本件事務所を無償で使用しているのであるから「使用及び収益をするのに足りる期間を経過した」か否かは、単にその経過した年数のみならず、上記目的や本件事務所の使用の方法、程度、会社が本件事務所の使用を必要とする緊要度など双方の諸事情をも比較衡量して判断すべきものである…。…そして、会社が本件事

務所を使用すべき必要性が肯定し難い一方で、組合が引き続きこれを使用する必要性は極めて高く、会社が提供を申し出ている代替施設はいずれも組合事務所として使用するのに適切であるとはいえないなどの事情に照らせば、本件事務所の使用貸借契約について、その目的に従って使用収益をするに足りる十分な期間が経過したとはいえない。

 応用と見直し

本件は、企業内で無償貸与された組合事務所の明け渡し請求の是非が争われた事案である。

本判決は、その貸与の法的性格としては、基本的には民法上の使用貸借契約としつつ、使用者がその返還を請求するに足りる正当な理由がある場合には、使用者と組合との間の使用貸借契約が終了するとする（民法上の使用貸借では、その目的に従った使用収益の終了までは期間満了とならないのが原則、例外として民法597条2項ただし書による「使用収益をするに足る期間経過」による終了事由があるが、本件ではその点も否定）。しかし、上記の正当な理由のハードルは高く（過去の肯定裁判例として会社解散による

清算の場合や経営合理化を目的とした建物の賃貸契約の解除の場合などがある）、さらには正当な理由を補強するものとして、代替施設の提供が多くの場合に求められる。本判決でも、代替施設の提供は「正当な事由の有無を判断する上で重要な要素」とする。

本件事案で、会社は代替施設の提案として2カ所申し出ているが、片や防犯カメラがあり、他の社員も出入りする食堂部分、片や現在の本社から5キロメートル離れた営業所であり、いずれも代替施設としては不適切と判断されている。元来、使用者は労働組合に対し、当然に組合事務所を貸与する義務を負うものではない。しかし、ひとたびこれを貸与したのちは、裁判所は（会社施設内の）組合事務所の組合活動上の必要性を極めて高いと評価するので、その明け渡しを求めることは至難の業となる。本判決をみると、清算や経営合理化等による当該不動産の売却あるいは賃貸借契約の解除など使用者側の明け渡しについて相当の理由がないかぎり、明け渡しを実現するためには、従前と同等に近い代替施設の提供が必要不可欠といえそうである。また、便宜供与の解消一般にいえることであるが、便宜供与の解消措置（明け渡し通知や当該労働協約の解除）に先

立ち、事前に労働組合に対して協議説明を行い、一定の猶予期間を置くなど手続き的配慮も求められている（たとえば大阪市事件〈東京高判平30・8・30〉はチェックオフ廃止についてこのような配慮を欠くとして支配介入による不当労働行為とされた）。

MEMO

完全歩合給拒んだ組合員に時間外させず違法か

－北海道・道労委事件－（札幌高判令元・8・2）

弁護士　緒方　彰人　　　　　　　　　　　　　　　　［労判 1222 号 17 頁］

　完全歩合給への変更に同意せず残業が認められなくなったとして、タクシー会社の組合員が不当労働行為と訴えた事案の控訴審。救済申立てを棄却した道労委の判断を一審は支持していた。札幌高裁も、組合員であるか否かは関係なく残業等を禁止したものであることから不当労働行為を否定。団交を 18 回行うなど、会社は経営状況から制度変更の必要性があることを説明していた。

全従業員が対象、団交 18 回実施しており不当労働行為でない

 事案の概要

　被告補助参加人は、タクシー事業を行う会社で、原告は、会社の乗務員等によって結成された労働組合である。

　平成 27 年当時、会社には、原告のほかに 3 労組があった。平成 26 年 10 月、会社は、原告に対し、銀行から経営の再建計画を迫られているなどとして、賃金制度を改める必要があることを説明し賃金の引下げと賃金体系を歩合給に変更することについて団体交渉を申し入れた。その後、原告との間で 18 回にわたって団交および事務折衝を行い、賃金改定案を示すとともに、会社の決算書類を示す等して、経営状況の説明を行ってきたが、原告は、労基法に反しているとか、解決金の支

払いを求める等して、新賃金体系等の受け入れを拒んだ。

　一方、会社は、平成 27 年 5 月 11 日、全乗務員に対し、新たな賃金体系が決定するまでの間、協定外残業（編注：勤務シフトに組み込まれず、会社の指示ないし事後の承認に基づいて行われていた残業）を禁止する旨を告知して禁止するとともに、同年 7 月 11 日および 18 日には、同月 21 日からの新賃金体系の実施と同賃金体系に同意しない乗務員には、協定外残業・公出出勤・シフト変更の禁止を求める文書を点呼室に掲示した。併せて、7 月 21 日までには 3 労組との間でも新賃金協定を締結した。

　同日、会社は、乗務員約 560 人のうち、新賃金体系に同意の得られな

かった原告の組合員16人を含む27人の乗務員に対しては旧賃金体系を適用するとともに、協定外残業・公出出勤・シフト変更を認めなかった（本件取扱い）。

原告は、北海道労働委員会（被告）に対し、本件取扱いが不当労働行為に該当すると主張して救済申立てをしたが、被告は棄却した。一審（北海道地判平30・12・14）が同命令の取消請求を棄却し、本件はその控訴審である。

判決のポイント

①会社は、新賃金体系の適用者を拡大すべく、その非適用者、すなわち旧賃金体系の適用者全員に本件取扱いをすることとし、その旨を予告した上でこれを実施したものということができる。

②会社は、原告との間で…、経営状況に照らしそれが必要であり、やむを得ない旨を説明し続けてきたのであり、労基法その他の賃金規制に反することを認識しながら敢えて新賃金体系を提案し、原告をして新協定の締結を拒まざるを得ない状況を作出したとみることはできず…会社が形式的に原告との交渉を行ってきたとも認められない。

③会社は、旧賃金規定の適用者であることに着目して本件取扱いを行うことを意図し、これを実行したものであり、本件各改定案の内容や被告の交渉態様からすれば、原告に対し、その組合員が上記の適用者になるような状況を作出したということはできない。…原告の組合員に対し、新賃金体系に同意しない原告に所属する者であることを理由として不利益な取扱いをする意図の下で本件取扱いをしたものでなく、本件取扱いの実施は、労組法7条1号の不当労働行為に該当しない。

応用と見直し

本件の会社には、原告を含め4つの労働組合があるが、新賃金体系について協定を締結した3労組の組合員については、新賃金体系を適用する一方で、新賃金体系についての協定締結に至らなかった原告の組合員については、旧賃金体系を適用するとともに、協定外残業・公出出勤・シフト変更を禁止した（本件取扱い）。このように所属組合により、残業等の取扱いを異にしたことから、本件取扱いが不利益取扱い（労組法7条1号）の不当労働行為に当たらないかが問題となった。

不利益取扱いの不当労働行為は、労

働組合の組合員であること等「の故をもって」当該不利益取扱いがなされることを要件とする。「故をもって」とは、不当労働行為の意思（反組合的な意図ないし動機）のことをいい、具体的には、①使用者が労働組合の組合員であること等の事実を認識し、②その事実のゆえにその労働者に不利益な取扱いをしようとの意欲をもち、③その意欲を実現する行為が、不利益取扱いの主観的成立要件に当たるものである（菅野和夫「労働法」）。

本件では、(1)会社は、3労組や非組合員との間で新賃金体系についての協定や合意書を締結する以前から、全乗務員向けに、新賃金体系が決定するまでの間あるいは同体系に同意しない場合、協定外残業・公出出勤・シフト変更を禁止する旨を告知してきており、実際、新賃金体系実施後、原告所属の組合員のほか、新賃金体系に同意しなかった非組合員に対しても、本件取扱いを実施した。すなわち、本件取扱いの対象者は、新賃金体系の非適用者（旧賃金体系の適用者）全員であり、原告の組合員に限られなかった。

(2)また会社は、原告との間で、18回にも及ぶ団体交渉や事務折衝を行い、その中で、具体的な賃金改定案を示すとともに、決算資料を示す等して経営状況の説明を行い、新賃金体系の必要性を説明するなど、新賃金体系の適用について、原告からの理解が得られるよう対応しており、原告をして新賃金体系の協定締結を拒まざるを得ない状況を作出したということもなく、原告との間の団体交渉を形式的に行ってきたとも認められないものであった。すなわち、原告との交渉経過・対応からみても、原告の組合員に不利益を及ぼすことを意図したものとは認められないものであった。

こうしたことから、本件判旨は、会社は、旧賃金規定の適用者であることに着目して本件取扱いを行うことを意図し、これを実行したものであり、かつ原告の組合員が本件取扱いの適用者になるような状況を作出したこともないとして、本件取扱いは、不利益取扱いには当たらないとした。複数組合が併存する場合、使用者が、組合間で異なる取扱いをしても、それが各組合との間で、団体交渉を行い、協定締結に至らなかった結果、生じたものである場合には、団体交渉が既成事実を維持するために形式的に行われたなどの特段の事情がない限り、不当労働行為の問題は生じない（日産自動車事件＝最三小判昭60・4・23など）。本件取扱いは、協定の内容や条件になっていた

ものではなく、新賃金体系の非適用者という点に着目して実施されたものであったことから、3労組と原告の組合員間の取扱いの差異が、協定締結に至らなかった結果、生じたものとも捉え難いものであった。このことから、本件判旨は、前掲日産自動車事件で示された判断基準によらずに判断を行ったものと考えられる。

MEMO

発注者の苦情で解雇、事実無根と直に団交要求

－中労委（学校法人Y）事件－（東京地判令元・12・16）

弁護士　石井　妙子　　　　　　　　　　　　　［労経速 2418 号 3 頁］

　警備中に大学の職員へセクハラをした事実はないとして、警備員が大学に謝罪等の団交を求めたが拒否された事案。団交拒否の不当労働行為ではないとした中労委命令の取消しを求めた。警備会社は解雇したがその後撤回しており、東京地裁は団交の議題である雇用終了の決定について、大学は雇用主と同視できるほど現実的かつ支配力を有していないと判断して請求を斥けた。偽装請負も否定している。

大学は雇用主と同視できず、団交に応じる義務なし

 事案の概要

　Z1（以下「会社」）は、Y大学（以下「大学」）から、大学構内の保安警備業務を受託し、Z2は、平成9年から同社に雇用されて同受託業務に従事していた者である。平成13年、会社は、大学から、Z2が大学の女性職員に対してセクハラを行った旨の苦情が寄せられたことなどを理由として、Z2を解雇した。

　平成17年に、Z2は会社に対し地位確認訴訟を提起した。なお、平成16年の大学の調査で、Z2のセクハラ行為は確認されなかった。会社は、解雇の責任は大学にあると主張していたが、訴訟係属中に解雇を撤回し、判決では賃金のバックペイを命じられ、これを支払った。

　一方、大学は、会社が、解雇は大学の指示に基づくものであるとの虚偽の事実を労働組合等に主張したことによって、大学正門等で情宣活動がなされる等の損害を被ったとして、会社に対して損害賠償請求訴訟を提起し、裁判所は、大学が解雇を指示したことはないとして、会社に損害賠償を命じた。

　平成24年、Z2は、本件労働組合Xに加入し、Xは会社と大学に対し、謝罪や金銭解決について交渉を申し入れたが、会社は交渉に応じず、大学は使用者ではないとして交渉に応じなかった。

　Xは、会社と大学を被申立人として、

団交拒否を理由に不当労働行為救済申立てをし、労働委員会は、会社に対し団交に応じるよう命じ、大学に対する申立ては、大学は使用者には当たらないとして棄却した。中労委では、（組合と会社は取下げ）大学は使用者には当たらないとして再審査申立てを棄却し、Xはこれを不服として東京地裁に行政訴訟を提起した。

 判決のポイント

1　労組法上の使用者性の判断枠組み

　雇用主以外の事業主であっても、雇用主から労働者の派遣を受けて自己の業務に従事させ、その労働者の基本的な労働条件等について、雇用主と部分的とはいえ同視できる程度に現実的かつ具体的に支配、決定することができる地位にある場合には、その限りにおいて、その事業主は労組法7条の使用者に当たるものと解するのが相当である。

　本件団交事項は、…専ら雇用終了についての責任を議題とするものであったと認められる。本件団交事項との関係において、大学がZ2の「使用者」であるというには、Z2の雇用終了の

決定について、雇用主と同視できる程度に現実的かつ具体的な支配力を有していることが必要であり、かつ、それで足りるというべきである。

2　雇用終了についての支配力の有無

　(1)大学による解雇指示の有無

　「大学構内で女性にセクハラを働くような警備会社のZ2はけしからん。そのような悪い芽は早く摘め」などの発言があったとする会社役員の陳述は、信用することができ…ず、大学が、解雇を指示したと認めることはできない。

　(2)大学と警備員の間の使用従属関係の有無

　会社の現場責任者は、保安警備業務のローテーションに組み入れられていたから、他の警備員への指揮命令を担当できたのか疑問が残る。入学試験時等の特別な警備体制をとる場合には、大学職員から警備員に対して直接業務指示が行われることもあった。他方で、勤務表を大学が作成していた事実は認められない。また、本件業務委託契約は、仕様書の保安警備業務内容明細表によって…警備員の人数・配置・担当業務について詳細にその内容を定めたものであったから、大学が同書を会社

に示してその内容どおりの業務を行うよう求めることは、契約上の義務の履行の要求にほかならず、何ら指揮命令と評価されるべきものではな（く）、偽装請負の状態…という主張は採用し難い。一時的に直接業務指示を行っていた実態があったとしても、それゆえに、大学が、Z2 の雇用終了について、現実的かつ具体的な支配力を有すると認めることはできない。

(3)結論

本件解雇は、雇用主である会社の責任と判断において決定、実行されたと認めるのが相当である。大学が Z2 の雇用の終了について雇用主と同視できる程度に現実的かつ具体的な支配力を有していると認めることはできない。よって、大学は、本件団交事項について労組法 7 条の「使用者」であると…認められない（X の請求を棄却）。

 応用と見直し

1　労組法上の使用者

労組法上の使用者は、集団的労使関係の当事者としての使用者であり、原則は雇用契約の当事者たる雇用主であるが、雇用主以外でも、使用者性が問題とされることがある。たとえば、構内請負・業務委託の発注者、派遣先、親会社等である。

これらのケースにおいて、労委の実務および判例は、「基本的な労働条件等について、雇用主と部分的とはいえ同視できる程度に現実的かつ具体的に支配、決定できる者」（朝日放送事件＝最三小判平 7・2・28）は、労組法上の使用者であるとする判断枠組みを用いており、本件も同様である。朝日放送事件判決による判断枠組みは確立されたものといえるが、現実的具体的支配・決定の対象については、議論がある。本件被告（中労委）は、労組法上の使用者に当たるというためには、雇用終了のみならず、採用、配置、雇用の終了等の一連の雇用管理の決定に関して現実的かつ具体的な支配力を有する者であることが必要であると主張したが、裁判所は、本件団交では専ら雇用終了が議題となっており、したがって「雇用終了の決定」について、具体的現実的支配力を有していれば足りるとした。結論としては使用者性を否定したが、団交事項を基準として、使用者性を判断するのは、使用者の範囲を拡大しすぎる結果を招くのではないだろうか。

たとえば、構内請負であれば、職場環境（換気・温度等施設関連）につい

ては、発注者側に具体的現実的決定権があるのが通常であるが、この点について団交要求されると、その限りでは常に発注者が労組法上の使用者として交渉に応じる義務があるという結論になりかねない。

朝日放送事件も、「基本的な労働条件等」の決定権としていること、労組法7条の「使用者」に該当するとされれば、団交に応じる義務を負い、拒否した場合には、救済命令の名宛人となり、救済命令が確定判決によって支持された場合には命令違反に対し、刑事罰も科されることなどを考えると、「使用者」の概念を安易に広げることになってはならないと考える。

MEMO

営業マンの残業時間月 70 時間、

心不全発症し労災は

－宇和島労基署長事件－（福岡地判令元・6・14）

弁護士　渡部　邦昭

［労経速 2391 号 3 頁］

魚の薬を販売する営業マンが、心不全で死亡し、遺族が労災不支給処分の取消しを求めた。残業は各月 70 時間など過労死の認定基準を下回っていた。福岡地裁は、長時間労働の継続に加え、死亡直前には多くの営業成績を上げている取引先の社長の要求に応えて、海に転落する危険性がある作業をするなど肉体的疲労から精神的緊張が大きかったことを考慮して請求を認めた。

"基準"下回るが重要取引先の危険作業対応など、
精神的緊張大きい

 事案の概要

甲は、平成 12 年 3 月、A 社に中途入社し、平成 20 年 4 月以降、営業所において、養殖業者に対する魚薬等の営業販売に従事していた。平成 26 年 2 月 7 日午前 7 時頃、出勤後の営業車内において意識不明の状態で発見され、救急搬送されたが、同日午前 8 時 18 分心室細動を原因とする急性心不全により死亡した（当時 47 歳）。甲の妻は、甲の死亡の原因が、取引先との業務におけるストレスに晒されながらの長時間の過重労働に従事したことによるものであると主張して、宇和島労基署長に対し、労災法に基づく遺族補償給付等を請求したが、同労基署長は不支給とする決定をした。甲の妻はさらに、本件不支給決定に対して審査請求をしたが棄却され、その後の再審査請求についても裁決がなされないまま 3 カ月が経過したため、本件不支給決定の取消しを求めて、平成 28 年 8 月 30 日、本件の訴えを提起した。なお、訴えの提起後、労働保険審査会は上記再審査請求を棄却する旨の裁決を行った。

本件の争点は甲の急性心不全が業務により生じたといえるか（業務起因性の有無）である。本判決は、およそ以

下のように判示して、本件不支給決定処分を取り消し、甲の妻の請求を認容した。

 判決のポイント

短期間の過重業務の有無

(1)甲の発症前の1週間の時間外労働時間は、…27時間52分であるところ、（それ以前の）複数の週にわたって同程度の時間外労働をし…、他の時期と比較して特に過度の長時間労働をしていたものとはいえない。また、発症5日前…には休日が確保されていたことも併せ考慮すると、継続した長時間労働があるとも認められない。

平成26年2月5日及び6日の取引先Bにおける消毒作業は、…営業職の甲にとっては厳しい作業環境であった…。また、甲は取引先Bの社長bから…前記2日間のうちに作業を終えるよう指示を受けており、これを達成できなかった場合…自らの営業成績のみならず、営業所の売上にも影響を与えかねないもので…（消毒作業は）平素より精神的緊張が大きい面があった…。他方、…甲が月に数回は消毒作業に立ち会っていたことからすれば、…精神的緊張が著しいものとまでは認め

難い。

甲が短期間の過重業務をしていたとは認められない。

長期間の過重業務の有無

(2)甲の発症前6カ月の時間外労働時間は1カ月当たり70時間前後であり、80時間には満たないものの、相当な長時間労働が継続し…、死亡直前…に厳しい作業環境での消毒作業を行ったことを併せ考慮すると、業務と発症とは相当程度の関連性がある…。

精神的緊張の程度等

甲の営業成績は、…大部分を取引先Bからの売上に依存し…社長bからの信頼を損なうことになれば、自らの営業成績ばかりか営業所の売上にも大きな影響を与えかねない状況にもあった。

他方、社長bは、むら気が多く、取引業者…等に対して理不尽とも思えるような叱責をしたり、出入り禁止を告げて取引量を大幅に減らすことがあった。…平成25年7月初めに取引先Cの担当者が出入り禁止を言い渡され…、甲の取引先Bに対する魚薬販売量や投薬指導の負担が増加し…、社長bから営業員の増員を求められていた。A社のD所長は、甲に対し、営業員増

員ができないのでBの訪問回数を減らしてよいなどと指示しているが、…多くの営業成績を上げている甲が、訪問回数を減らす…ことはおよそ考え難いことで…、甲の精神的緊張は、例年に比して、相当大きくなっていた…。

甲は、肉体的・精神的負荷の大きい業務を長時間にわたり継続し…、甲の業務は心臓疾患を発症するような過重性があった…。急性心不全…は、明らかに業務以外の原因により発症した等の特段の事情がない限り、業務起因性を認めるのが相当である。

(3)甲は、脂質異常症、…1日20本を30年以上続けてきた喫煙歴があり、複数のリスクファクターを抱えていた…上、脂質異常症（の）投薬を…自己判断で中止し…、動脈硬化が相当に進展していたとうかがわれる。…しかし、地方労災医員…の意見書には、…これらが…心室細動の発症に与えた具体的影響は不明であるとし、…明らかに業務以外の原因により発症したなどの事情は認められず、業務起因性を否定することはできない。

応用と見直し

(1)業務災害とは、業務上の負傷、疾病、障害または死亡である（労災法7条1項1号）が、業務上というためには、当該労働者の業務と死亡の結果との間に当該業務に内在または随伴をする危険が現実化したと認められるような相当因果関係が認められなくてはならない。そして、「業務上の疾病」の場合は、①異常な出来事、②短期間の過重業務、③長期間の過重業務の3つの過重負荷の認定条件を踏まえて、業務の過重負荷によって、血管病変等が自然経過を超えて、著しく増悪し、脳・心臓疾患が発症したことについて、業務が相対的に有力な原因であると認められなくてはならない。業務の過重性の評価については、労働時間、勤務形態、作業環境、精神的緊張の状態等を具体的かつ客観的に把握、検討し、総合的に判断する必要がある。

(2)上記の3つの認定条件のうち、本件では②短期間の過重業務（発症前1カ月の時間外労働時間の長疑など）の有無および③長期間の過重業務（発症前6カ月の月平均の時間外労働時間の長疑など）の有無が問題となっている。

本判決は、短期間の過重業務は認められないとしたうえで、長期間の過重業務のうち、発症前6カ月間の月平均の時間外労働時間が70時間15分で、相当継続していたことや、投薬作業の環境も厳しかったこと、さらに、特定

の重要な大口の顧客取引先の継続について、例年に比べて相当大きい精神的緊張を伴っていたなどから総合的に判断して、業務起因性を是認したものである。

ただ、特定の重要な大口の取引先との取引の継続についてＡ社から命じられていて強いられていたという事情はなく、甲の裁量と独自の判断で行われていたことなどを考えると、本件の労働が労基法上の労働時間を前提とした長時間労働に起因していたといえるか、もう少し慎重に検討されても良かったのかもしれないと思われる。とくに、使用者としては、労務管理外の営業サービスまで過重労働の対象とみなされることは、働き方改革を考える契機となると思われる。

MEMO

労働災害

採用した障害者自殺、

仕事少なくうつ病悪化!?

－食品会社 A 社事件－ （札幌地判令元・6・19）

弁護士　岩本　充史　　　　　　　　　　　　　　［労判 1209 号 64 頁］

> 少ない業務量しか与えられず、うつ病を悪化させ自殺したとして、遺族が会社に損害賠償を求めた。札幌地裁は、業務量増加の要望を受けた上司は、安全配慮義務として心理的負荷の有無や程度を検討して対応すべき義務を負うが、会社は相談を放置せず対応していたと同義務違反を否定。上司が採用の理由を「障害者雇用率のため」と発言したことは配慮を欠くが、自殺との相当因果関係は認められない。

相談放置せず対応しており、業務量の調整義務違反なし

事案の概要

　本件は、Y での勤務開始当初からうつ病にり患していた B が自殺した事案である。自殺した原因は、B の上司（D）の発言および Y が B の要望に応じて業務量を増加させなかったことなどにより、極度に強い心理的負荷を与えられた B がうつ病の程度を悪化させたことにあるとして、B の母である X1 が、Y に対し、損害賠償等の支払いを求めた。

事実関係

　B は、Y に就職する前に書店で就労

していたが、うつ病を発症し、就労に困難を感じるようになったため、特定非営利活動法人 I を訪れ、転職の相談をした。担当した J1 は、平成 24 年 10 月 30 日、B が関心を持った Y の D らに対し、うつ病にり患していることを含め、文書による情報提供を行った。その際 J1 は、B が障害者手帳（3 級）を所持しているものの、就業には問題がないといわれていることおよび配慮を要する点を記載した。その後、B は同年 11 月 12 日、Y での勤務を開始した。

　(1)平成 25 年 4 月 19 日、B は D に対し、話があると泣きながら話しかけ

てきた。その内容は仕事が少なくて辛い、このままでは病気を再発してしまいそうである、Bを雇用する必要がないのではないかと述べた。その際Dは、Bの雇用が「障害者の雇用率を達成するため」という本件発言をした（既に法定雇用率を上回っていたが、伝えなかった）。

(2)Bは、同年5月23日、J1に対し、同日は2時間半にわたって何もすることがなく、インターネットを眺めていたが、何もいわれなかったこと、休憩室で寝ていても、誰にも何もいわれないのかもしれないこと、やるべきことが思い付かないことなどを内容とするメールを送信した。

 **判決のポイント**

(1) 本件発言がDの注意義務違反に当たるか

「Dは…、Bがうつ病にり患していることを認識していたことからすれば、一貫してBの上司であったDには、…安全配慮義務（労働契約法5条）の一内容として業務上、…Bに対して心理的負荷を与える言動をしないようにすべき注意義務を負っていた…。…Bは、業務量の少なさゆえに自らのY

における存在価値に疑問を感じていて、このままではうつ病の程度が悪化しかねない程度に思い悩んでいることをDに相談し…Bの悩みは認識できた…にもかかわらず、Dは、Bを雇用した理由として、障害者雇用率の達成という点を挙げる本件発言をしたのであり、このことは、…Bに対する配慮を欠きBに心理的負荷を与えるものであったといえる。…Dは、Bの相談内容から、Bが無価値感を感じ、悲観的思考に陥っていたことを認識し、かつ、本件発言が、…Bに悪影響を与えることを認識し得たのに、本件発言をしたということができるから、Dには注意義務違反があったと認められる」。

(2) DがBの業務量を増加させなかったことがDの注意義務違反に当たるか

「労働者に労務提供の意思及び能力があるにもかかわらず、使用者が業務を与えず、又は、その地位、能力及び経験…とかけ離れた程度の低い業務にしか従事させない状態を継続させることは、業務上の合理性があるのでなければ許されない。そして、上記の状態の継続は、当該労働者に対し、自らが使用者から必要とされていないという無力感を与え、他の労働者との関係に

おいても劣等感や恥辱感を生じさせる危険性が高いといえ、上記の状態に置かれた期間及び具体的な状況等次第で、労働者に心理的負荷を与えることは十分あり得る…。…Dは、…Bがうつ病にり患していることを認識していたところ、使用者には、障害者基本法上、個々の障害者の特性に応じた適正な雇用管理が求められていること、精神障害を有する者は、ささいな心理的負荷にも過大に反応する傾向があることを踏まえると、…Dには、…安全配慮義務の一内容として、Bから業務量に関する申出があった場合には、現在の業務量による心理的負荷があるか、あるとしてどの程度のものかなどを検討し、業務上の合理性に基づく裁量判断を経て、対応可能な範囲で当該申出に対応し、対応が不可能であれば、そのことをBに説明すべき義務を負っていた…。…Dは、Bから業務量が少ないと申出を受け（その日のうちにJ1に連絡を取った上、業務量を増やすことを検討するなど）これを放置することなく速やかに、具体的な解決策を検討し、実際に実行していたといえる」。

 応用と見直し

(1) はじめに

本件は、障害者雇用枠で採用された労働者への対応が不法行為となるかが争われた事案であり、比較的珍しい事例であると思われる。障害者雇用促進法が施行されて以降、障害者を雇用する会社が多い中、実務上参考となる事案である。

(2) 心理的負荷を与えるような言動をしない注意義務

本判決は、「Bに対して心理的負荷を与える言動をしないようにすべき注意義務を負っていた」と判示し、Dの言動がこの注意義務に違反すると判断している（結論として、義務違反行為とBの自殺との間に相当因果関係を否定しているが）。本事案の判断として、かかる義務違反行為を認定することはともかく、医師でもない一般の従業員において「心理的負荷を与える」言動か否かの判断は容易ではないと思われる。それゆえ、使用者において障害者を採用して職場に配属する際には、当該障害者の上司等に対して、当該障害者を指揮命令する場合にどのような配慮を行うべきかという研修・啓発が重

要となるものと思われる。

(3) 業務増大要求があった場合の対応義務、説明義務

本判決はさらに安全配慮義務の一内容として、業務量に関する申出があった場合には、現在の業務量による心理的負荷があるか、あるとしてどの程度のものかなどを検討し、業務上の合理性に基づく裁量判断を経て、対応可能な範囲で当該申出に対応し、対応が不可能であれば、そのことを説明すべき義務を負っていると判断した。本来、使用者が労働者に対していかなる業務に従事させるか等は使用者の権限であるに過ぎず、労働者から業務量を増大させるよう申出があったとしても、これに対応する義務など生ずるものではないし、対応できないことを説明する義務もまた生ずるものではない。本件では、Bにおいて業務量が少ないと自らに無価値感を感じ、悲観的思考に陥っていたという特殊な事情があったため、かかる対応義務等を認めたものと考えられ、これが一般化されるものではない。

MEMO

肺がんで死亡、業務の因果関係否定した一審は

−住友ゴム工業（石綿ばく露）事件−（大阪高判令元・7・19）

弁護士　岡芹　健夫

[労判 1220 号 72 頁]

　肺がんで死亡したのは石綿が原因として、遺族らが会社に慰謝料等を求めた事案の控訴審。元従業員の一部について、症状や喫煙歴から業務と発症の因果関係を否定した地裁に対し高裁は、10 年以上のばく露歴を認めた労災医員の意見などから因果関係を認容。昭和 35 年時点で会社は石綿の危険性を予見可能であり、保護具を使用したとの主張もないことから安全配慮義務違反とした。

10 年以上従事しており、石綿ばく露原因と賠償命令

 事案の概要

　Y 社は、各種タイヤ・チューブの製造および販売等を業とする株式会社であり、平成 15 年に O 社と合併している。Y 社は、神戸工場と O 社の工場である泉大津工場、名古屋工場、白河工場、宮崎工場等でタイヤ製造等を行ってきた。X らは、Y 社および O 社の従業員として、神戸工場および泉大津工場でタイヤ製造業務等に従事していた者 7 人（以下「元 Y 社従業員ら 7 人」）の本人および相続人である。

　元 Y 社従業員ら 7 人は、前記工場で、33 〜 45 年間、タイヤ製造業務等に従事し、元 Y 社従業員ら 7 人のうち、1 人を除き、既に平成 12 〜 29 年の間に死去している。

　元 Y 社従業員ら 7 人のうち 3 人の遺族は、石綿健康被害救済法に基づく特別遺族年金（労災法の遺族補償給付を受ける権利が時効消滅している場合に受けられる年金）を受けており、残り 3 人の遺族および本人は、労災保険法に基づく給付（遺族補償年金、療養補償、休業補償等）を受けている。

　X らは、Y 社を相手に、甲事件として、元 Y 社従業員ら 7 人の一部が作業工程から発生するアスベストおよびタルク（滑石の粉末。アスベストを含有することがある）の粉じんにばく露し、悪性胸膜中皮腫ないし肺がんにより死亡したとして、債務不履行ないし不法行為に基づき損害賠償金等を、乙

− 118 −

事件として、Y社従業員としてタイヤ製造業務等に従事していた者が同じくアスベスト等によりばく露し、石綿肺および肺がんに罹患したとして、債務不履行ないし不法行為に基づき損害賠償金等の支払いを求めた。

一審判決（神戸地判平30・2・14）は、平成24年報告書（「石綿による疾病の認定基準に関する検討会報告書」）に示された知見に照らして、肺がんの労災認定基準である平成24年基準（平24・3・29基発0329第2号）に定められる、累積ばく露量の指標が実質的に認められるか否かを検討するのが相当としたうえで、元Y社従業員ら7人のうち、肺がん発症者4人中2人について、業務と発症との因果関係を否定した。また、Y社は、遅くとも昭和35年までには、石綿またはタルクが人の生命・健康に重大な障害を与える危険性があると認識でき、かつ、認識すべきであったとして、Y社に対して、安全配慮義務違反の前提となる予見可能性を肯定した。

一審判決は、元Y社従業員ら7人のうち5人分について、各人分につき最小で687.5万、最大で1650万円の損害を認め、Xらの請求の一部を認容した。これに対し、XらおよびY社が、敗訴部分を不服として控訴したのが本件である。

本判決は、一審判決では業務と発症との因果関係が認められなかった元Y社従業員ら7人のうちの2人についても、因果関係を求めるに至った（元Y社従業員ら7人全員につき因果関係肯定）。

 判決のポイント

（亡Aにつき、一審判決では、粘着防止剤は、タルク〈不純物としてアスベストが混入していることがあった〉であったとのXらの主張を斥けたが）昭和24年調査報告書（労働衛生実態調査報告「ゴム工業に発生する職業特にじん肺について」）は、…神戸工場においてチョーク粉末が多量に飛散していると報告しているが、…チョークと呼ばれているものとしてタルクを挙げ、…報告書が神戸工場にてチョークと言及しているものの全部又は相当部分はタルクであったと推認される。

（兵庫県立がんセンターの医師によれば）第1型じん肺（両肺野にじん肺による粒状影又は不整形陰影が少数あり、かつ、大陰影がないと認められるもの）の所見があり、さらに、それ自体で高濃度ばく露の指標となり得る胸膜プラークとまではいえないが胸膜

労働災害

— 119 —

プラークがあり、かつ、10年以上にわたり石綿ばく露作業に従事し、多量の石綿にばく露されていたのであるから、肺がんの発症リスクを2倍以上に高める石綿ばく露があった場合に肺がん発症を石綿に起因するものとみなし、石綿繊維25本/ml×年を発症リスクが2倍になる累積ばく露量とみなす平成24年基準を満たしている。

（亡Bにつき、兵庫労働局地方労災医員は）10年以上の石綿ばく露歴を認め、石綿肺所見が確認されるので、…肺がんの発症及び肺がんによる死亡と業務との間に相当因果関係が存在する旨の意見を述べ、（他の医師の所見も踏まえて）診療録等を精査し、その結果、…両下肺野に…不整形陰影を認めたのであるから、…石綿肺の所見が見られたというべきである。…平成24年基準に定められる累積ばく露量の指標を満たしているというべきである。75歳の時点で、1日20本程度の煙草を吸っていたことが認められるものの喫煙年数が判然としない。したがって、肺がん発症が…喫煙に起因するものであると推認することはできない（編注：Y社の安全配慮義務〈昭和35年の時点で、具体的に生命・健康への危険性を予見していたと認める〉およびその違反〈呼吸用保護具の使用

等の措置を取ったとの具体的主張はない〉について、一審判決を引用しつつ肯定）。

 応用と見直し

石綿の粉じん吸引による健康被害の裁判例（いわゆるアスベスト訴訟）は、既に多数のものが出ているが、本件のように、一審判決と二審判決で損害の有無について結論が分かれる事案は少数である。

本件の結論の差異の主な要因は、本件2人の疾患が悪性胸膜中皮腫（ほとんどが石綿のばく露によって生ずるとされている）ではなく肺がんとされていたこと、石綿ばく露を裏付けるとされる胸膜プラークの所見もみられなかったこと、業務の内容について、相当量石綿にばく露するものであったか否かにつき判断が分かれるものであったこと（一審判決では、多量、相当量の石綿にばく露したとは推認できないとしていた）といった諸点が挙げられる。

アスベスト訴訟の特徴は、石綿のばく露より発症（中皮腫にしても肺がんにしても）までに数十年を要し、その間に、当該従業員の業務内容が、当該従業員にも使用者にも分からなく

なってしまっていることが多いことにある。したがって、発症時の医学的な所見（中皮腫、胸膜プラーク等）で後追い的に判断しつつ、本件でも問題となった昭和24年の調査報告書のような数十年前の書面資料にも鑑みながら間接的に事実を推認するしかないことが多く、本件のように、中皮腫も胸膜プラークもみられず、数十年前の調査報告書の解釈が分かれる余地がある場合、判断が容易でなくなるということがいえよう。

MEMO

パワハラ原因で適応障害になったと労災を請求

－国・品川労基署長事件－（東京地判令元・8・19）

弁護士　渡部　邦昭

［労経速 2404 号 3 頁］

　上司のパワハラ等で適応障害を発症したとして、労災保険給付の不支給処分の取消しを求めた。東京地裁は、本人ができるようになるまで上司が根気強く指導する中で、「あほ」など口調が厳しくなったが業務指導の範囲内であり、仮に逸脱する部分があったとしても嫌がらせ等とはいえず、心理的負荷の強度を「中」とした。その他、上司が頭をはたいた行為は、発症から 1 年半も前だった。

嫌がらせなど否定、暴力は 1 年半も前の行為

 事案の概要

　労働者甲は、防音の装置等の設計および施工等を営む A 社と平成 24 年4 月付で雇用契約を締結し防音ハウスや防音壁の見積り等の営業業務を担当していた。同 25 年 10 月 18 日以降、連続して休暇を取得するようになり、同 26 年 7 月 30 日付で休職期間満了を理由に自然退職扱いとなった。

　甲は上司からサービス残業や独占禁止法に違反する行為を強要されたり、パワーハラスメントを受けたりしたこと等によって抑うつ状態・適応障害（本件疾病）を発病し休業に至ったものであるとして、所轄の品川労働基準監督署長に対し、労災法の休業補償給付の請求をしたが、休業補償給付を支給し

ない旨の各処分（本件不支給処分）をし、さらに東京労災保険審査官においても本件各不支給処分に係る審査請求について棄却の決定をした。そのため、甲は、平成 29 年 8 月 7 日、本件各処分の取消しを求めて、本件訴えを提起した。

　本件の争点は、甲の本件疾病が、業務上のものといえるか、という点にある。本判決はおよそ以下のように判示して、甲の請求を斥けた。

 判決のポイント

(1)基本的な考え方

　労働者の疾病等が業務上のものというためには、当該疾病等と当該業務と

の間に相当因果関係が認められること（労災法7条1項1号）が必要である…。…相当因果関係が認められるためには、本件疾病が、当該業務に内在し、又は随伴する危険が現実化したものであることが必要となる…。業務の危険性の判断は、当該労働者と同種の平均的な労働者…を基準とすべきである。…平均的な労働者にとって、当該労働者が業務上置かれた具体的状況における心理的負荷が一般に精神障害を発病させるに足りる程度のものといえる場合には、業務と当該精神障害の発病との間の相当因果関係を認めるのが相当である。…甲は平成25年9月頃に本件疾病を発病したものと認めるのが相当である。

(2)具体的検討

①時間外労働について

本件疾病の発病前おおむね6か月の間における甲の時間外労働時間数は、…申告…によっても、月19時間弱から25時間弱にとどまる。…心理的負荷の強度は、精神障害認定基準にいう「弱」と評価するのが相当である。

②違法行為の強要について

甲は、「A社ら3社が…独占禁止法に違反するカルテルを行っていた。違法行為を強要されていた」と主張する

が、…カルテルの存在を認めることはできない。したがって、甲が「業務に関し、違法行為を強要された」と認めることはできない。また、甲が、平均的な労働者において、…カルテルが行われていることが確実であるという程度まで同カルテルの存在を疑い、違法行為を強要されていると感じながら、職務を行わざるを得ない状況に置かれていたということもできないから、…精神障害認定基準にいう「中」の心理的負荷を生じさせる出来事があったとする甲の主張を採用することはできない。

③パワハラについて

平成25年3月15日、…F課長は、甲に対し、「君の考えはどうなんだ？」、「君がどうしたいっていうのはないの？」等と同じ質問を繰り返すとともに、「ふざけんなおまえ」、「あほ」と述べるなど、時折、厳しい口調で指導していた事実は認められる。しかし、…甲が…単純な計算を誤ったり、上司の話をきちんと聞かずに要領を得ない回答を繰り返したりしたため、…指導の口調が厳しくなる場面があったこと、…甲が、…自分で計算できるようになるまで根気強く指導がされていたことが認められる。

なお、甲の頭を5、6回軽くはたく

といったG課長の言動に相当性を欠く部分があったことは否定できないものの、甲が平成24年4月に訴外会社に入社して間もない頃の出来事であり、それが平成25年9月頃の本件疾病の発病まで継続していたと認めることもできない…。

甲について、「上司から、業務指導の範囲内である強い指導・叱責を受けた」又は「業務をめぐる方針等において、周囲からも客観的に認識されるような対立が上司との間に生じた」ものとして、「上司とのトラブルがあった」ということができ、…心理的負荷の強度は、精神障害認定基準にいう「中」と認めるのが相当である。なお、仮に上司の甲に対する言動に業務指導の範囲を逸脱する部分があったとしても、「部下に対する上司の言動が、業務指導の範囲を逸脱しており、その中に人格や人間性を否定するような言動が含まれ、かつ、これが執拗に行われた」等として、「ひどい嫌がらせ、いじめ、又は暴行を受けた」とまでいうことはできず、…心理的負荷の強度が精神障害認定基準にいう「中」にとどまることに変わりはない…。

④したがって、本件疾病は、…業務上の疾病には当たらず、本件各不支給処分は、いずれも適法である…。

応用と見直し

本件と同様にうつ病発症に関する業務外認定処分を争う行政訴訟において、業務と精神障害との間の相当因果関係の有無の判断については「ストレス―脆弱性」理論に依拠して、判断するのが適当であるとされている。精神障害の業務起因性の認定要件については、①当該精神疾患が業務との関連で発病する可能性のある一定の精神疾患（対象疾病）に当たること、②発病前のおおむね6カ月間に業務による強い心理的負荷が認められること、③業務以外の心理的負荷および個体側要因により発病したとは認められないこと、の3要件が掲げられている。

当該労働者と同種の平均的労働者、すなわち、何らかの個体側の脆弱性を有しながらも、当該労働者と職種、職場における立場、経験等の点で同種であって、特段の勤務軽減を必要とせずに通常業務を遂行できる者にとって、当該労働者の置かれた具体的状況における心理的負荷が一般に精神障害を発病させる危険性を有しているといえる場合等であれば、相当因果関係を肯定すべきとされている。

本判決も、前記の判断要件を踏まえてアプローチしていると考えられると

ころ、Ａ社の上司から甲に対する指導等が業務上の適正な指導の範囲を逸脱したとまではいえないと判断したものである。令和２年６月から精神障害認定基準にパワハラが追加されたが、いずれにしても、指導の範囲内か、または、逸脱して違法か、の判断は微妙であり個別具体的な裁判上の証拠調べの結果に委ねられることになる。本件は１事例として参考となる。

MEMO

労働災害

うつ病は労災、配慮怠ったと賠償命じた一審は

－北海道二十一世紀総合研究所ほか事件－（札幌高判令元・12・19）

弁護士　岡芹　健夫　　　　　　　　　　　　　　　［労判 1222 号 49 頁］

月 100 時間超の残業などでうつ病を発症したとして労災認定された研究員が、会社に損害賠償を求めた事案の控訴審。請求を認めた一審に対して札幌高裁は、業務の質や量は過大といえず裁量性もあること、業務が困難と上司らへ申告相談がなかったことも踏まえ、長時間労働のみをもって発症を予見できないと判断。担当は調査業務のみで業務量を減らすのも困難としている。

業務に裁量性あり、上司への相談なく発症予見できない

 事案の概要

Y1、昭和 48 年 9 月にエンジニアリングセンターとして設立された株式会社であり、平成 10 年 12 月に現在の社名に商号変更され、官公庁等からの受託調査研究、株式会社北洋銀行からの業務委託および経営コンサルティングを主な業としている。

X は、平成 8 年 4 月から Y1 社に正社員として入社し、同 9 年 6 月以降、Y2（以下、Y1 社と総称する場合は「Y ら」という）の直属の部下となった。

平成 17 年 2 月～ 18 年 1 月において、X は時間外労働が 80 時間を超えた月が 6 カ月、100 時間を超えた月が 4 カ月あり、とくに平成 17 年 3 月は 171.2 時間、12 月は 151.5 時間の時間外労働に及んだ。

平成 18 年 1 月 20 日、X はうつ病を発症し、同年 2 月 21 日頃～ 10 月 31 日まで休職した。11 月 1 日、週 3 日勤務の条件で復職し、遅くとも平成 21 年 7 月以降、週 5 日勤務となった。

平成 25 年 7 月 9 日、X は札幌中央労基署に対して労災認定の申請を行い、平成 26 年 1 月 31 日、同労基署は X の疾病の業務起因性を認め、労災認定を行った。

平成 26 年 5 月 7 日～ 11 月 7 日、X は休職辞令を受けて休職した。

X は Y1 社における過重労働が原因でうつ病になったところ、Y1 社に安全配慮義務違反があると主張して、損害賠償の一部請求として、平成 18 年 1 月～ 30 年 12 月までに Y1 社から

賃金を減額され、また、本来ならば昇給していたであろう分も、支給されなかった賃金分や逸失利益（後遺障害による）等を含めた損害として、8271万8752円およびこれに対する遅延損害金の支払いを求めるとともに、Y1社の労務管理の不備およびY2の嫌がらせ等が不法行為に該当するとして、慰謝料およびこれに対する遅延損害金の支払いを求め、Y1、Y2を提訴した。

一審（札幌地判平31・3・25）は、Xの疾患について業務起因性を認めつつ、不法行為については、Xの主張した復職の強要や勤務日数増加の強要、休職申出の拒否、治療の妨害等は否定し、不当な減給と退職強要の事実は存在するものの、不当な減給はそれによりXのうつ病を悪化させたとは認められず、結局、Yらが安全配慮義務違反に問われるのは、退職を迫った点についてのみであるとした。そのうえで、結論として、損害額としては、昇給が遅れた分の損害1000万円、給与自体の減額分2126万9283円、Yらの安全配慮義務違反による精神的損害30万円等を含め、計3505万7903円および遅延損害金をXの損害とした。これに対して、XおよびYら双方が控訴したのが本件である。

 判決のポイント

Y1社は、うつ病発症前3か月間におけるXの業務負担について、格別、軽減の措置を執っていない。これは、Y1社の安全配慮義務違反を基礎付ける事情に当たるといえる。他方、次のような事情を指摘することができる。(ｱ)Y1社の調査研究部における業務(Xの業務)は、発注先との打合せ、調整、調査実施、報告書作成というプロセスを踏んで進められることから、個別性が強く、研究員には自らの担当業務について、裁量性があることがうかがえる。(ｲ)Xは、業務の進め方等について上司や同僚に相談することもなかった。(ｳ)Xが従事していた業務の内容は、調査研究部の他の主任研究員と比較して、その質又は量が特に過大であるということもなかった。Y1社としては、Xの業務がうつ病の発症をもたらしうる危険性を有する特に過重なものと認識することは困難であり、単に労働時間が長時間に及んでいることのみをもって、Xのうつ病の発症を予見できたとはいえない。

Y1社は、Xの業務を更に削減することが困難であった上、特にXから業務の遂行が困難であることの申告もなかったことから、…Xのうつ病の発

労働災害

症を回避するための具体的な対応をすることも困難であった。

　以上のとおり、…Y1社には、安全配慮義務違反は認められない。

　不法行為について、Xの給与は復職してから…減額（基本給及び主任加給がいずれも一律2分の1）されたことが認められる。上記減給は、労働契約に基づく賃金債権の債務不履行等に当たり得るが、…安全配慮義務とは直接関係せず、…安全配慮義務違反による不法行為を構成するとはいえない。

　Xは、平成18年11月1日、週3日勤務の条件で復職し、平成21年7月以降、週5日勤務となっていたものの、平成23年4月～5月頃に至っても、うつ病の状況は好転せず、本格的な復職に至っているとは評価できない状況にあった。そうであれば、退職勧奨がされたとしても、直ちに違法とはいえず、…Xが主張するYらの不法行為はいずれも認められない。

　以上によれば、Xの請求は理由がないからいずれも棄却すべきである。Yらの控訴はいずれも理由があるから、一審判決中Yらの敗訴部分を取消して、…Xの請求をいずれも棄却する。

 応用と見直し

　本件は、一審判決と二審判決とで結論が異なった事件であるが、その最大のポイントは、Xの長時間労働という事象の下で、Y1社の、Xのうつ病発症に対する予見可能性を否定した点にある。

　これは、Xの業務が発注先との打合せ、調整、調査実施、報告書作成というプロセスを踏んで進められることにより個別性が強く、個人の裁量性が強かったという業務の内容等の事情があったこと、Y1社では毎週、意見交換のための全体会議が開催され、Xはそこで業務遂行上の課題を伝え、上司や同僚に相談することが可能であったにもかかわらず、とくに業務の遂行が困難であることの申告もなかったことにより、Y1社としては、早期に心身の健康相談やカウンセリングを受診する機会を設けたり、休養を指示するといった具体的な対応を執ることが困難であったといった点が理由とされている。

　本件ではXに相当な時間外労働が生じていた（Y1社も把握していた）という状況にあり、過重労働が生じていたことは明らかではあるが、それでうつ病が発症するか否か（更にいえば、

うつ病が生ずると予測できるか否か）は、もう一段ハードルがあるということであり、それは、本件のように、当人の業務内容の特性、職場環境（当人から業務の困難性を訴える制度の存在の有無、内容等）によって、判断が左右されるということであろう。

MEMO

労働災害

残業少なくうつ病自殺と関連否定した一審は

－青森三菱ふそう自動車販売事件－（仙台高判令2・1・28）

弁護士　渡部　邦昭

［労経速 2411 号 3 頁］

うつ病を発症して自殺したのは、長時間労働が原因として遺族が会社に損害賠償を求めた。残業時間数は月平均 80 時間を下回るなどとして、請求を棄却した一審後に、適応障害と労災認定されていた。二審は労災認定を不合理ということはできないと判断。発症後に決算月があり長時間労働が続いたと推認し、その間先輩の叱責に過敏に反応して自殺したとして、一審を覆し賠償を命じた。

発症後に長時間労働、労災認定後に会社責任認容

 事案の概要

　会社は、自動車の仕入販売および修理等を目的とする株式会社である。

　甲（平成 6 年 10 月 18 日生まれの男子）は、平成 27 年 4 月 1 日に会社に雇用され、八戸営業所において、自動車整備作業等に従事していた。

　A 所長は、同営業所の所長の地位にある者、B 課長代理は整備課に所属していて、いずれも甲の上司の地位にあった者である。

　会社の就業時間は午前 8 時 30 分から午後 5 時までの 7 時間 30 分（休憩時間 1 時間）で、1 年単位の変形労働時間を採用していた。同営業所では、労働時間の管理は各従業員が就業時間報告書に始業・終業時刻を自ら記入して毎日提出し、上司の確認印を受けるという方法で行われ、タイムカードはない。

　甲は、平成 28 年 4 月 16 日㈯午後 0 時 30 分頃、同営業所に設置された天井クレーンの先につながれていた金属製のワイヤーに首をつった状態で発見された。甲は、八戸市立市民病院に心肺停止の状態で救急搬送され、心肺蘇生入院したが、同年 5 月 9 日、低酸素脳症を原因として死亡した。

　甲の相続人遺族は、「勤務先であった同営業所における違法な長時間労働が原因でうつ病にり患し、首つり自殺をした。そして、甲に対する業務上の指揮監督権限を有する上司 A または B

が、甲に対する違法な長時間労働を軽減する措置をとらなかった過失または安全配慮義務違反があった」等と主張して、甲の損害賠償請求権を相続した遺族が、会社に対し、不法行為責任または雇用契約上の債務不履行責任に基づき、固有の損害を含め、9000万円余の損害賠償を求めて訴えを提起したものである。

一審判決（青森地裁八戸支判平30・2・14）は、甲の長時間労働とうつ病のり患ならびに自殺との相当因果関係を認めず、甲の遺族の請求をいずれも棄却したため、控訴を申し立てた。一審判決後の平成30年12月、八戸労働基準監督署長は、甲は平成28年1月上旬に業務に起因して適応障害を発症し、これに起因して自殺に至ったとして労災認定を行った。本判決は、以上の事情を受けての二審判決である。

本判決はおよそ以下のように判示して、原判決を取り消して、会社の責任を認容した。

 判決のポイント

(1) 甲の自殺と長時間労働等の業務の起因性の有無

本件全証拠に照らしても、本件労災認定が前提とする甲の時間外労働時間の認定について…不相当と目すべき点は見当たらない。

本件（心理的負荷による精神障害の）認定基準に基づく本件労災認定を不合理ということはできないから、甲は、平成28年1月上旬ころ、…業務に起因して適応障害を発症したところ、その後も長時間労働が続き（平成28年1月上旬以降の労働時間についても、…同年3月は繁忙な決算月として、他の月よりも長時間の労働を余儀なくされたと推認することができる）、出来事に対する心因性の反応が強くなっていた中、同年4月16日、先輩従業員であるDから叱責されたことに過敏に反応して自殺を図るに至ったものと認めることができる。

(2) 会社の安全配慮義務違反の有無

甲が適応障害を発症して自殺を図るに至ったことについては、…A所長及び甲の上司であるB…において、甲に

業務上の役割・地位の変化及び仕事量・質の大きな変化があって、その心理的負荷に特別な配慮を要すべきであったところ、甲の過重な長時間労働の実態を知り、又は知り得るべきであったのに、かえって、従業員が実労働時間を圧縮して申告しなければならない労働環境を作出するなどして、これを軽減しなかったことに要因があるということができ、A所長らには甲の指導監督者としての安全配慮義務に違反した過失がある。…会社は、使用者責任に基づき、甲の遺族らに対し、甲の死亡につき同人及び甲の遺族が被った損害を賠償すべき責任がある。

(3) 損害額

　甲の基本給は月額15万円であるが、勤務期間が1年に満たないこともあり、その余の時間外労働及び休日労働に対する賃金、賞与その他の支給を含めた甲の年収の実額を認定可能な的確な証拠はないから、甲の逸失利益は、基礎収入を平成28年高卒男子計469万3500円、生活費控除率を50％、就労期間を67歳までの46年間として算定すると、…4196万124円となる。

 応用と見直し

　うつ病などの精神障害の業務起因性について、裁判例では、当該労働者の置かれた具体的状況を踏まえ、業務による心理的負荷が、社会通念上あるいは客観的にみて、精神障害を発症させる程度に過重といえることが必要であり、そういえる場合には、業務に内在する危険が現実化したものとして、業務と精神障害の発症・増悪およびこれを原因とする自殺（死亡）との間に相当因果関係を認めている。

　(1)精神障害の発症は、業務による心理的負荷が発症要因になるとともに、業務以外の心理的負荷および個体的要因の影響が強ければ、当該精神障害の発症およびこれを起因とする自殺が業務に内在する危険が現実化したものとはいい難いところである。したがって、業務による心理的負荷の程度が被災労働者甲の側の重要な主張立証のポイントとなる。

　精神障害の場合の特質からは、長時間労働といった業務の量ばかりでなく、「仕事の失敗」や「仕事の裁量や責任の程度」、「指導を超えた叱責（例・人格を否定するような言動等）」といっ

た業務の質あるいは職場環境（上司やほかの従業員との良好でない人間関係を使用者が放置していたこと等）ということも、業務による心理的負荷の程度を判断する重要な要素になる。長時間労働による心理的負荷を検討する場合、労働時間の長さと質的な過重という面も併せて考慮する必要がある。

本件では、長時間労働が続く中、平成28年1月上旬の時点で業務に起因して適応障害を発症し、その後も長時間労働が続き、先輩従業員からの叱責に過敏に反応して甲が自殺を図ったという事実関係が認められている。

(2)また、こうした事実関係から、会社の所長ら上司は職場環境の改善等甲に対する指導監督者としての安全配慮義務違反があると認められ、使用者責任が是認された。

(3)本件の教訓として、使用者には労務管理上、新入社員に対する業務上の負荷に対する配慮や、労働時間の正確な把握・記録の信頼など管理の適正化が求められているといえよう。

MEMO

労働災害

中国勤務者が雇止め無効と提訴、準拠法どこに

－理化学研究所事件－（東京高判平30・10・24）

弁護士　岩本　充史

［労判1221号89頁］

雇止めされた中国事務所の職員が、中国法に基づき雇用継続を求めたのに対し、法人は契約期間満了と訴えた。東京高裁も日本法が適用されると判示。労働条件の決定・管理は国内で行われ、労務提供地の法を適用すると定める通則法の推定を覆し、最密接関係地を日本とした。日本からの赴任時に別段の合意もないなど、準拠法として日本法を選択したと判断し、職員の請求を棄却した。

労務管理拠点の日本法適用、雇止めは有効と判断

 事案の概要

Xは、埼玉県D市に主たる事務所を有する国立研究開発法人である。Yは、中国で出生し、平成16年に日本国籍を取得し、平成13年5月以降、Xにおいて研究職または事務職として就労していた。

XとYは、平成13年5月頃に、契約期間を同月1日～平成14年3月31日まで、職務を研究その他関連するプログラム研究の遂行、勤務地をD本所、勤務条件を本契約のほか、Xの任期制職員就業規程に定めるところによる旨の労働契約を締結した（「任期制職員契約①」）。その後、①は、4回更新された。

XとYは、平成18年4月1日、契約期間を同日～平成19年3月31日まで、職務を新しい研究プロジェクトの遂行などとする労働契約を締結した（「任期制職員契約②」）。XとYは、平成19年4月1日、契約期間を同日～平成20年3月31日まで、平成23年3月31日以降の雇用契約は締結しない旨を定め、②を更新した。平成22年4月1日、契約期間を同日～平成23年3月31日まで、本契約をもって契約を終了する旨を定め、②を更新した。

Xの理事らは、Yに対し、平成22年5月27日、契約事務職員になってC事務所長（中国）への就任を提案した。

XとYは、平成22年9月1日、契約期間を同日～平成25年8月31日

まで、勤務地をD本所、業務内容を本所外務部の業務その他関連する業務、更新の有無については本契約をもって終了し、契約更新はしない旨を定める労働契約を締結した（「本件労働契約」）。

XとYは、平成22年10月1日、勤務地をC事務所（中国）とし、本件労働契約を変更した。Xは、平成25年9月1日以降について、本件労働契約を更新しなかった。

争点は多岐にわたるが、雇用契約不存在確認請求に係る準拠法に関する部分について紹介する。

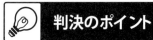

判決のポイント

本件労働契約は、我が国において締結されたものであり…、Yの勤務条件はXの規程に従うと定めているところ、任期制職員就業規程は、この規程に定めのない事項については、労基法その他法令の定めるところによる旨定めていること、X及びYは、…勤務地についてC事務所に変更する予定であったのに、本件労働契約締結時及び変更時のいずれにおいても、勤務地の変更に伴い、本件労働契約を規律する法律を変更するか否かについて別段の合意をしていなかった…。

X及びYは、本件労働契約締結当時、本件労働契約が日本法により規律されるとの意思を有していたものと認められ…、本件労働契約の効力についての準拠法として、日本法を選択したと認められる。

もっとも、通則法は、労働契約の効力について通則法7条の規定による選択により適用すべき法が当該労働契約に最密接関係地法以外の法である場合であっても、労働者が当該労働契約に最密接関係地の法中の特定の強行規定を適用すべき旨の意思表示を使用者に対し表示したときは、当該労働契約の効力に関しその強行規定の定める事項については、その強行規定をも適用すると定める（12条1項）。そして、かかる規定の適用に当たっては、当該労働契約における労務提供地法（労務提供地を特定することができない場合にあっては、当該労働者を雇い入れた事業所の所在地の法）が当該労働契約の最密接関係地法と推定される（同条2項）。

XとYは、平成22年…10月1日、本件労働契約を変更して勤務地をC事務所としたこと…、Yは同日以降、主にC事務所において労務を提供していたこと…から、Yの労務提供地は、中国であるといえる。そうすると、通則

法12条2項により、本件労働契約について、中国法が最密接関係地法であると推定される。

しかし、①平成26年改正（平成27年4月1日施行）以前の独立行政法人通則法63条2項は、「特定独立行政法人以外の独立行政法人は、その職員の給与及び退職手当の支給の基準を定め（る）…」と定められ、Xは、法律上、職員の給与等の支給の基準を定める権限が与えられていること、…②Xは、その権限の行使を含む職員の労働条件の決定・管理等の事務を、D市所在の本部（主たる事務所）で遂行しており、本件労働契約に関する事務についても同様であり、C事務所では行っていないこと、その他…諸事情とも併せると、本件労働契約についての最密接関係地が中国であるとの推定は覆され、日本であると認められる。

 応用と見直し

本件は、海外で勤務する労働者に対して日本法が適用されるのか、あるいは外国法が適用されるのか（準拠法の選択）が争われたものである。

準拠法をいずれの国の法規とするのかについては、法の適用に関する通則法（以下「通則法」）では、①法律行為の成立および効力は、当事者が当該法律行為の当時に選択した地の法によること（7条）、②労働契約の成立等について7条による選択により適用すべき法が密接関係地以外の法である場合でも労働者が密接関係地の法中の特定の強行規定を適用すべき旨の意思表示を使用者に対して表示したときは、当該労働契約の成立等に関しその強行規定の定める事項についてはその強行規定をも適用する（12条1項）こと、③②の適用に当たっては労務を提供すべき地の法を密接関係地の法と推定する（12条2項）こと等と定めている。

本判決は、まず、黙示による準拠法の選択がなされたと判断した。そして、本件労働契約について通則法12条2項により、中国法が密接関係地と推定されると判断しつつも、雇用管理等が中国ではなく、日本国内で行われていることを根拠に中国法が適用されるとの推定を覆し、日本法が適用される旨の判断を行った。このように雇用管理等が行われていることを準拠法の判断において重視する裁判例として通則法制定前のものであるが、ドイッチェ・ルフトハンザ事件（東京地判平9・10・1）がある。

なお、中国労働契約法は中国国内の企業等と労働者との間の労働契約の

締結、終了等の場合に適用されるところ、①中国国内企業ではないＸにそもそも同法が適用され得るのか、②適用されるとして本件で争点となった同法の各条項が「特定の強行法規」に該当するのかが前提論点となると解される（特定の強行法規に該当しないのであれば通則法12条の判断は必要がない）。

本判決は、上告・上告受理申立がなされたが、上告棄却・不受理の決定がなされており（最三小判令元・6・4）、準拠法の判断の仕方について参考となるものである。

MEMO

雇止め

更新上限 9 年に延長、7 年目で雇止めは無効か

－学校法人札幌大学事件－（札幌高判令元・9・24）

弁護士　渡部　邦昭

［労経速 2401 号 3 頁］

契約更新の上限まで雇用期待があるとして、教員が地位確認等を求めた事案の控訴審。大学は、契約期間中に上限を 5 年から 9 年に延長したが、7 年目以降の雇用は保証しないと契約書に規定してその後雇止めした。札幌高裁も一審同様に、理事が説明会で数年後の雇用の継続は約束できないと伝えていたことなどから、更新を期待する合理的な理由はないとした。無期転換権は発生していなかった。

雇用保証しないと書面明示しており、合理的期待認めず

 事案の概要

労働者 A は、平成 22 年 4 月 1 日〜29 年 3 月 31 日まで、学校法人甲大学が設置する大学の外国語学部ロシア語学科や、地域共創学群のロシア語専攻の特任教員（期間を定めて任用される専任の教員）かつ准教授として勤務していた。

特別任用教員規程（本件規程）は、雇用期間を 1 年以内としつつ、5 年を限度として更新できると規定していた。平成 26 年 2 月に施行された改正後の本件規程では、理事会の議決により、更新限度を 9 年までとすることができるとされた。

A は、平成 22 年 4 月 1 日、雇用期間を 1 年間とする有期労働契約を締結し、以後、1 年ごとに契約更新した（通算年数 7 年）。平成 27 年度の契約書には、平成 29 年度以降の雇用継続を保証するものではないことが記載されていた。

甲大学は、平成 29 年 3 月 31 日をもって本件労働契約を終了した。

一審（札幌地判平 31・2・13）は、本件労働契約の更新を期待することについて合理的な理由があったとはいえないとして、請求をいずれも棄却した。これに対し、A は控訴した。

本件の争点は、有期労働契約の期間満了後の更新を期待することに合理的理由が認められるのか否か（労働契約法 19 条 2 号）の点にある。

本判決は、およそ以下のように判示して、Aの請求を棄却した。

 判決のポイント

「有期労働契約の教員が専任教員として教職課程の担当になったことは過去になかったことから、教職課程の担当となることを依頼されたAは、平成29年度以降も雇用継続への期待を持つことになった旨主張する。しかし、…本件教職課程の完成年度は平成28年度までであるから、Aが教職課程の専任教員となったことが平成29年度以降における…更新を期待することの合理的理由となるものではない」

「Aは、平成26年3月…の本件説明会における理事の説明（編注：雇用期間の上限である9年の起算点をいつからにするのかについては考えていないことを述べたことなど）は、雇用継続への期待を抱かせるものであった旨主張する。しかし、…理事は、…特任教員の雇用継続は平成29年3月31日までを念頭に置いており、…2年後、3年後の雇用の継続を約束することはできない旨回答している。…平成29年3月末で契約を打ち切ると断言しなかったからといって、…更新を期待させる合理的な理由…と評価することは

できない」

「Aは、平成26年9月にはGAPコーディネーターの任務に就く依頼を受けたとして、…雇用継続に対する期待は法的保護に値する…旨主張する。しかし、…Aが依頼された期間も平成27年3月31日までであったから、…更新を期待する…合理的な理由になるとはいえない」

「Aは、契約書案から文言修正（編注：雇用期間の終期が削除され『その後の雇用を保証するものではない』と記載）を経て契約締結に至ったことを（本件労働契約が更新される可能性に含みを残すものと）主張する。しかし、…契約書の『雇用期間をその後1年間更新する…』…とは、平成28年度の1年間を意味すると解され…、平成29年度以降の更新が約束されていないことが、明示されている」

「Aは、Aが副学長のセクハラ、…被害を苦情相談員に持ち込んだことが…労働契約の継続を不利にした旨主張する。しかし、…更新に係る期待の合理性との関連性は認められない」

「Aは、（編注：e教授が学長に対し、非常勤講師委嘱理由書を提出した）遅くとも平成28年10月31日に平成29年4月からの非常勤講師としての有期労働契約が成立していたとも主張

雇止め

する。しかし、…常勤理事会は、Aを
…非常勤講師として学生指導を委嘱し
たい旨のe教授の申入れを拒絶した。
その後、理事会…において、Aを採用
する決議が行われたことを認めるに足
りる証拠はない。…平成29年度の授
業科目一覧の担当教員欄に、Aの名前
が兼任教員として記載されているが、
…同記載は流動的なもので、これを
もって契約締結を基礎付けるものとは
いえない」

 応用と見直し

　労働契約法19条は、有期労働契約
の更新に合理的期待があると認められ
る場合（同条2号）において、労働者
が更新を申し込んだ場合、当該申込み
を拒絶する「客観的に合理的な理由を
欠き、社会通念上相当であると認めら
れないときは、使用者は従前の労働契
約の内容である労働条件と同一の労働
条件で当該申込みを承諾したものとみ
なす」と定めている。

　本件では、契約継続（更新）への合
理的期待の有無が争点となっている。

　有期雇用労働者である本件のAの
場合、更新が多数回行われていたり、
更新による雇用が長期間にわたってい
れば、更新の合理的期待は肯定されや

すい。しかし、多数回ないし長期間更
新されていても更新管理が厳格になさ
れていれば、他の判断要素によって更
新の合理的期待が否定されることもあ
る。

　有期雇用契約の更新回数ないし雇用
期間の限度が契約締結前から明確に就
業規則ないし雇用契約で明示され、そ
のことが契約締結の際に当該労

　働者に表示され説明もされている場
合には、契約更新についての合理的期
待は成立しにくいだろう。このように、
有期雇用契約の更新手続きがきちんと
なされていれば、更新回数が数回にわ
たり、雇用期間も長期にわたっていて
も、更新の合理的期待が否定され得る
し、逆に更新管理が杜撰であれば、更
新の合理的期待が認められやすいとい
える。

　シャノアール事件（東京地判平
27・7・31）では、3カ月の有期雇用
契約を10年にわたり、33回更新さ
れてきたカフェのアルバイト従業員B
について、契約更新手続きが厳格にな
されていて、Bがアルバイトのかけも
ちにより、行う頻度が低くなっていた
ことから、更新の合理的期待が否定さ
れている。

　また、福原学園事件（最一小判平
28・12・1）では、契約職員規定にお

いて更新限度期間が３年と定められていたことから、上限３年での雇止めを有効としている。

　本件においても、契約書の中で平成29年度以降の更新が約束されていないことが明示されていることから、更新の合理的期待は法的保護のレベルに達していないものと判断されたもので、妥当な判断と思われる。

MEMO

雇止め

幼稚園教諭が定年後、新人へパワハラで雇止め

－学校法人北海道カトリック事件－ （札幌地判令元・10・30）

弁護士　牛嶋　勉

［労判 1214 号 5 頁］

定年後再雇用されていた幼稚園の元教諭が雇止めされ、パワハラの事実はなく無効と訴えた。札幌地裁は、新人に教育や助言する立場であり、ときに厳しく感じる言い方があっても、指導の領域を超えるとは評価できないと判断。再雇用に当たり健康状態などは基準としていたが、勤務態度は問題にしていなかった。雇止め無効としたうえで、65 歳までの雇用継続の合理的な期待を認めている。

再雇用基準は "態度" 問わず、言動も指導の範囲内と判断

 事案の概要

原告は、平成 4 年 4 月から被告が運営する幼稚園の教諭として勤務し、平成 27 年 3 月末日に 60 歳で定年退職した後、同年 4 月 1 日から、定年後の再雇用契約により被告に勤務し、平成 29 年 4 月 1 日以降は、3 歳児の園児のクラスの補助担任業務を行っていた。

平成 29 年 4 月 1 日以降そのクラスの担任業務を行ったのは、同日に被告に雇用された A であった。A は、平成 29 年 5 月半ば頃から欠勤するようになり、6 月にメンタルクリニックで「身体化障害」と診断された。その後も欠勤を繰り返し、クラスの担当を外れ、平成 30 年 1 月末日をもって自ら退職した。

原告は、A に対するパワーハラスメント行為を理由に、3 回目の更新となる平成 30 年 4 月 1 日以降は契約を更新されずに再雇用されなかったことから、本件雇止めを不当として、労働契約上の地位確認、賃金の支払い等を求めた。

 判決のポイント

本件再雇用規程は、被雇用者の希望や健康上の問題等の適用基準を満たし、更新を妨げる特段の事情がない限り、65 歳まで更新することができるとされている。…高年齢者雇用安定

法9条1項が、…65歳までの安定した雇用を確保するため、定年の引き上げ及び定年の定めの廃止とともに、継続雇用制度の導入のいずれかを講じなければならないこと…、本件再雇用規程が、高年齢者雇用安定法9条1項に則り規定されたものであることを認めていることに加え、本件再雇用規程の適用基準が…いずれも勤務内容を問題とするものとはいえないこと、…他に具体的な審査基準や手続が設けられているとは認められないことに照らせば、かかる適用基準を満たす者については、65歳まで継続して雇用されると期待することについて、合理的な期待があると認めるのが相当である。

　原告は、新人であるAに対し、単なる補助者としてだけではなく、指導や助言を行う立場でもあったのだから、このような立場から、経験を活かして厳しい姿勢や言葉で対応することが、必ずしも指導を超えるハラスメントとなるものとはいえないことは…述べたとおりであり、原告が、常に同様の態度をもってAに接していた事実も認められない。また、子の成長・発達状況や環境を踏まえて柔軟な対応をすることが、必ずしも園の教育方針に反する不適切な内容と評されるものとはいえない。そして、ハラスメント①ないし⑨以外のものとして被告が主張するところは、A…においてその内容、頻度において具体的に明示し難いものであることに加え、たとえかかる事象があったとしても、A供述からもうかがわれるAの職場環境や周囲への相談状況等を踏まえると、原告の言動のみをAの心因的負担の要因とみるのが相当とはいい難い。

　そうすると、ハラスメント①ないし⑨については、その事実を認めることができないか、認定できる限度においても個々についてはハラスメント足りえないものであるところ、これらを総合的に検討しても、雇止め事由として認めることはでき…ない。

　…本件雇止め事由を認めることはできず、更新を妨げる特段の事情の該当性について判断するまでもなく、本件雇止めは無効である。

 応用と見直し

定年後再雇用後の雇止め

　高年齢者雇用安定法9条1項に基づく継続雇用制度を導入している企業が多数であり、定年後再雇用の雇止めが争いになる事案も増加している。

　エボニック・ジャパン事件（東京地

判平30・6・12）は、60歳定年後1年間再雇用されたのち雇止めされた事案について、「平成27年3月31日に定年退職し、本件再雇用契約を締結した原告については、同契約が65歳まで継続すると期待することについて、就業規則…及び本件労使協定の趣旨に基づく合理的な理由があるものと認められ、…本件再雇用契約の終期である平成28年3月31日の時点において、原告は、本件人事考課基準を含む本件再雇用基準に含まれる全ての要素を充足していたから、本件雇止めは、客観的に合理的な理由を欠き、社会通念上相当とは認められないものといえ、労働契約法19条2号により、同一の労働条件で本件再雇用契約が更新されたものと認められる」と述べ、雇止めを無効と判断した。

本判決の事案は、再雇用規程で、被雇用者の希望や健康上の問題等の適用基準を満たし、更新を妨げる特段の事情がない限り、65歳まで更新することができる旨を規定している点に特徴がある。

パワハラを理由とする解雇・雇止め等

職場におけるパワーハラスメントは、労働施策総合推進法30条の2第1項において「職場において行われる優越的な関係を背景とした言動であって、業務上必要かつ相当な範囲を超えたもの」と定義され、これを受けた「事業主が職場における優越的な関係を背景とした言動に起因する問題に関して雇用管理上講ずべき措置等についての指針」（令2・1・15厚労省告示5号）が令和2年6月1日から適用される。

パワハラを理由とする解雇・雇止め・懲戒処分については、多数の裁判例があるが、本判決は、定年後再雇用者のパワハラを理由とする雇止めについての初めての公表裁判例であると思われる。

近時の東京高判（平31・1・23）は、私立女子大学の男性教授が、女性職員・女子生徒に対するセクハラ・パワハラ行為を理由として懲戒解雇された事案である。元教授の各行為が懲戒事由に該当すると認定し、元教授に十分な反省が見られず、同種行為の再発リスクも非常に高かったこと、学科長であった元教授のパワハラ体質が学科内部の風通しを悪くして、教育環境、職場環境を著しく汚染し、ハラスメント行為が包み隠されて表面化が著しく遅れたなどとして、懲戒解雇には労働契約法15条・16条にいう客観的に合理的な理由があり社会通念上の相当性も備え

ていると判断し、懲戒解雇を無効とした一審判決を取り消し、元教授の請求を全部棄却した。

実務上の留意点

　近年、従業員からのパワハラを受けているという申立ては多数に上っている。使用者は、速やかに、申し立てた従業員、加害者とされた従業員、必要であればその周囲の従業員から事情聴取を行い、パワハラに該当する行為があったのか否か、今後も継続するおそれがあるか否かを判断し、その判断に基づいて、速やかに必要な措置を取らなければならない。

MEMO

雇
止
め

任期規程上回る8年超雇用した助教を雇止め

ー近畿大学事件ー（大阪地判令元・11・28）

弁護士　岩本　充史　　　　　　　　　　　　［労判1220号46頁］

更新上限を4回までとする規程を上回り、約8年間雇用された助教が雇止めの効力を争った。最後の1年間はいわゆる「不更新条項」が付され、特例的に更新を希望する旨の要望書を提出していた。大阪地裁は、契約の反復更新により生じていた更新の合理的な期待は消滅したと判断。要望書の内容に異議を述べず提出するなど、更新されないことを十分理解していたとしている。

特例的更新延長に同意、更新の合理的な期待は消滅

 事案の概要

本件は、学校法人Yと平成20年1月から原則として1年間（途中1年3カ月間を含む）の有期雇用契約を締結し、以後7度にわたり更新していたXが、Yが平成28年4月以降の契約更新に応じなかったことが労働契約法19条2号に反し無効である等として、①雇用契約上の権利を有する地位にあることの確認、②同年4月分の賃金等の支払いを求めた事案である。

Yは、平成27年3月13日、Xに対し、X宛ての「雇用期間満了通知書」およびY理事長宛ての「要望書」（署名押印前のもの）を交付した。雇用期間満了通知書には平成27年3月31日付で雇用期間満了により終了となる

こと、大学は、Xの希望があるならば、4月1日から1年間に限り、契約を更新することも検討する旨が記載されていた。また、本件要望書にも、特別に1年間の雇用契約を更新することを希望すること、1年後には雇用契約が再度は更新されず雇用契約が終了することについて理解した旨が記載されており、Xは、平成27年3月14日、交付された本件要望書に署名押印したうえ提出した。

Yは、同年4月1日、Xに対し、Xを大学の助教に任じ、任期を平成28年3月31日とする旨の辞令を交付した。Xは、平成28年3月1日、Yに対し、本件雇用契約の更新を申し入れたが、Yは応じることなく、同年3月31日は経過した。

争点は多岐にわたるが、労働契約法19条2号の適用の可否の部分について紹介する。

 判決のポイント

（平成27年3月時点（本件要望書等の交付前）における本件雇用契約の更新に対する期待の有無）

本件雇用契約は、1年の任期制のものであり、Xも、その点については採用面接時に説明があったこと等から理解していた。また、Xは、遅くとも平成24年9月21日頃には、…助教の任期や更新の上限回数（編注：4回）の定めがあることを了知し…本件雇用契約が更新されない可能性についての認識を有していたと認められる。もっとも、本件雇用契約は、平成27年3月までに、任期規程の定める再任限度回数…を超える合計6度の更新が行われており、雇用継続期間は約7年3か月間という比較的長期に及んでいた…。また、常時、相当割合の助教が在籍しており、Xは、助教として研究・教育に従事することを前提に採用され、Xの雇用は臨時的なものとはいえない。本件雇用契約の更新手続について、…更新の都度、雇用契約書が作成されたり、任期規程…所定の助教就任承諾書が提出されることはなかったのであり、必ずしも厳格な手続が履践されていたとまではいえない。…Xは、平成27年3月時点（本件要望書等の交付前）において、本件雇用契約が…更新されることについて合理的な期待を抱いていたといい得る…。

（本件要望書の提出及びその後のXの行動等による更新についての合理的期待の消長）

雇用期間満了通知書には、…Yとしては雇用契約を更新せずに終了する意思を有していること、Xからの希望があれば1年間に限って更新すること…及びその理由等について一応の説明がなされており、本件要望書には…意思表示の内容が明確に記されている…。Xは、…平成26年12月頃には、移籍のための行動を行っていた…。かかる状況の下、Xは、…本件要望書等の交付を受け、その際、約1、2週間で提出すること、質問があれば職員課に対してすること及び特に慌てて提出する必要はないことを伝えられていた…。

本件要望書等は、その記載内容自体から、雇用契約の終了に関するYの意向やXのなす意思表示の内容は一義的に明確となっているものであり、Xは、当時、q4教授の発言や方針に強

く反発し、移籍のための行動を取るとともに、…本件要望書等については、…その交付や提出の理由等を職員課等に何らの質問等をしないまま、特段の異議を留めずに、交付翌日に…提出していること、さらには、平成27年4月以降にも、自身の雇用継続の希望を改めてYに伝えたり、雇用継続の可能性についてYに再度問い合わせるといった明確な行動に出ていないことからすれば、…Xは、本件要望書のとおり翌々年度（平成28年4月）以降は雇用契約が更新されないことを十分に理解した上、自己の意思に基づき、その提出に至ったものと認めるのが相当である。

そうである以上、本件要望書の提出後の段階においては、Xが、雇用契約が平成28年4月以降も同様に更新されることについて、合理的な期待を有していたものとはいえない。

 応用と見直し

有期労働契約は、期間満了により当然に終了するが、労働者が労働契約法19条2号の適用を主張して、契約終了の効力が争われる紛争は相当数存在する。本判決は、平成27年3月時点では労働契約法19条2号の適用が

あったにもかかわらず、本件要望書の提出により、同号の適用を否定したものである。

本事案では有期雇用契約が通算7年3カ月と長期に及び、かつ、更新回数も6回（かつ、Yが定めたルールである再任用限度回数を超えている）こと等を踏まえると、本判決が平成27年3月時点で労契法19条2号の適用を認めたことは異論もあるかもしれないが、やむを得ないであろう。むしろ、注目すべきは、更新への合理的期待が一旦発生したにもかかわらず、本件要望書の提出により、更新への合理的期待が否定されたという点である。

この点、使用者が契約書には、次期の更新はない旨を明記するとともに、不更新の理由を説明し、労働者も納得のうえで当該契約に合意していたと判断される事案では、更新への合理的期待が放棄されたと判断されたものもある（本田技研工業事件＝東京高判平24・9・20）。しかし、本件では、YがXに対して更新しない理由を直接説明しておらず、かつ、雇用期間満了通知書の記載でもいかなる理由で次々期の更新がないかの説明が記載されていないにもかかわらず更新への合理的期待が否定されている。その判断のポイントは上記のとおりであるが、実務

的には更新をしない実質的な理由の説明を行うことが望ましいことはいうまでもない（筆者としては、本件の事実関係からすれば、雇止めが有効という結論は変わらないが、労契法19条2号の適用を認めたうえで、雇止めの相当性があるという結論も十分にあり得ると考えている）。使用者において定めた契約期間や更新回数の上限等のルールを遵守することの重要性を認識させられる事案である。

MEMO

就業規則に「契約5年まで」

さかのぼって通算は

－山口県立病院機構事件－（山口地判令2・2・19）

弁護士　岡芹　健夫

［労判 1225 号 91 頁］

契約更新する期間は「就業規則の範囲内」で「原則5年以内」と契約書に記載して、翌年に雇止めした事案。平成25年にさかのぼって通算5年までとした就業規則の内容は契約更新後に説明された。山口地裁は、契約更新前から生じていた更新の合理的期待が消滅したと解することはできず雇止め無効とした。面接試験に受かれば更新するとしていたが、試験の評価は公正さを担保する仕組みがなく、合理性を欠くとしている。

制度周知は契約後で、継続期待消滅しない

 事案の概要

Y法人は、山口県が設置した地方独立行政法人であり、医療の提供、医療に関する調査および研究等の業務を行い、山口県 A1 医療センター（以下「本件病院」）等を運営している。

Xは、本件病院において、平成17年9月1日から看護師として看護業務に従事していた者であり、平成23年4月以降は、各年度、契約期間を1年間とする労働契約を締結・更新していた。

Y法人においては、平成29年4月の就業規則改正により、平成25年4月1日を起算日とする有期常勤職員の通算雇用期間は、「理事長が特に必要と認めたとき」を除き、原則として5年を超えない範囲内とする旨の更新上限条項が新設された。なお、同年7月から、前記の「理事長が特に認めたとき」の判断に当たって、面接試験と当該職員の勤務状況等の評価を実施し、その結果等を総合的に判断する取扱い（以下「本件雇用継続審査」）を開始した。

平成29年4月、Xは契約更新に当たって、それまでとは異なり契約期間を半年とされたほか、雇用契約書兼労働契約通知書に、就業規則に規定する

範囲内で更新する場合があること、更新は原則として5年の範囲内とする等の記載が付加された。

　平成29年7月、Xは平成30年4月以降の更新を希望したことにより、本件雇用継続審査の面接試験を受けたが、Y法人は更新基準を充たさないとして、Xに対し、契約更新を平成29年10月1日から平成30年3月31日までとし、以後更新しない旨を記載した労働契約書および労働条件通知書を交付した。

　Xは、交付された上記書面に、「私は平成30年4月1日以降の契約が更新されないことについて納得していません」と記載した上で署名押印してY法人に提出し勤務したが、Y法人は、平成30年4月1日以降の契約更新に応じなかった。そこで、Xは本件雇止めの効力を争い、Y法人に対して、労働契約上の地位を有することの確認を求めて提訴した。

 判決のポイント

　ア　平成29年3月以前は確立した（更新）手続きの定めがなく、…平成23年4月以降、反復更新して本件労働契約を更新されてきたものであり、その手続きは、形式的に更新の意思の

確認が行われるのみであって、勤務態度等を考慮した実質的なものではなかった。…Xが従事していた看護業務は、臨時的・季節的なものではなく、…契約期間の定めのない職員との間で、勤務実態や労働条件と有意な差があるものとは認められない。…Xが本件労働契約の期間満了時に本件労働契約が更新されるものと期待することについて合理的理由があるといえ、…平成29年4月1日以前から生じていたものというべきである。

　本件就業規則の改正によって更新上限条項が設けられたことをもって、その合理的期待が消滅したと解することはできず、…Y法人からXに対して（就業規則改正の）具体的な説明がされたのは、平成29年4月契約書が取り交わされた後であ（り）、…少なくとも本件は労働契約法19条2号に該当する。

　イ　客観的に合理的な理由を欠き、社会通念上相当であると認められない雇止めは許されないのであるから、…本件雇用継続審査については、評価の公正さを担保できる仕組みが存在し、設定された評価基準自体が合理性を有することを要すると解するのが相当である。（本件雇用継続審査の）面接試験においては、「業務内容」、「意欲」、「性

格」及び「自己アピール」などの質問項目が例示として定められているのみで、評価項目及び各項目毎の評定尺度の基準の定め、各項目毎の評定結果と総合評価との関連付けについての定めはなく…、合理的な評価基準の定め及び評価の公正さを担保できる仕組みが存在せず、本件雇用継続審査における判断過程は合理性に欠ける…。本件雇止め…は認められない。

　ウ　念のため、実際のXの面接試験の評価を踏まえて、例外的に本件雇止めの客観的合理的理由の欠如が否定されるか検討する。（副部長による）Xの低評価は、Xが過去に同僚とトラブルを起こしたことや、Xが異動の内示を受けてこれを拒否したことが2度あるとの認識のもと…判断した…と認められる。

　しかし、Xの同僚との過去のトラブルについては、…Xにどの程度の非が認められるかは明らかではなく、また、…Xは平成29年4月に異動の内示を受け入れたことは当事者間に争いがない。…異動の内示は、異動命令に先立ち、異動を受諾するかどうかについて検討する機会を与えるための事前の告知であり…、Xの回答自体から、副部長のように判断することについて、必ずしも客観的合理性を有するものであ

るとはいえない。したがって、…本件雇止めは、客観的に合理的な理由を欠き、社会通念上相当であると認められない。

 応用と見直し

　本件は、Xに本件雇用契約更新についての合理的期待が存在したか、仮にそれが存在したとして、本件雇止めに合理的理由が存在したか、という一般的争点を有する事案であるが、前者については、(ア) 平成29年4月における就業規則改正により合理的期待が否定されるか否か、後者については、(イ) 本件雇用継続審査による判断が合理的理由となるか、が問題となった。

　(ア) については、就業規則改正の周知が平成29年4月の契約更新より後にあった点（「判決のポイント」ア）はY法人に不利な材料となっているが、上記更新時の契約書には、通算雇用期間は原則5年と記載され、それにXも同意して契約更新している事実をどう評価するかは意見が分かれるかもしれない。また、(イ) については、判決は、「合理的な評価基準の定め及び評価の公正さを担保できる仕組み」が存しなかったこと自体により本件雇止めの合理的理由を否定しているように

思えるが（「判決ポイント」イ）、こうした仕組みが整備されていることを積極的に評価することが妥当なのは疑いの余地がないものの、整備されていないことをもって、どこまで消極的に評価し得るかは、やはり意見が分かれる余地があると思われる。

　いずれにせよ、本判決は、就業規則改正における時期（改正するに変わらないのであれば、契約変更前に行うことが望ましい）、雇用継続判断における仕組みの整備の有用性（やはり、仕組みが整っている方が安全）という、実務上、参考になる諸点が問題になったこと等により、紹介に至った次第である。

MEMO

雇
止
め

幼稚園長を有期雇用、園児事故などで雇止め

―信愛学園事件―（横浜地判令2・2・27）

弁護士　岩本　充史　　　　　　　　　　［労判 1226 号 57 頁］

> 約 10 年間有期契約で勤務した幼稚園の園長が、雇止めされたため労働契約
> 上の地位確認を求めた。横浜地裁は、職務の内容等から元園長の契約を労働契
> 約とした。慣例で定年や任期もないなど更新期待に合理的理由があるとしたう
> えで、園が雇止めの理由とした園児の転落事故は、理事会で雇止めを決定した
> 後のもので更新拒絶の理由として重視できないと判断。無期転換も認めた。

更新に合理的期待あり、無期転換も認める

 事案の概要

　Xは、Yが経営するA幼稚園（以下
「本件幼稚園」）において、1 年間の有
期契約を複数回更新しつつ園長を務め
ていた。本件は、Xが、Yから契約の
更新拒絶をされたことについて、Yに
対し、XとYとの契約は労働契約であ
り、更新拒絶には客観的合理性がなく
無効であるうえ、Xは期間の定めのな
い労働契約への転換の申込みをしたと
主張して、労働契約に基づき、期間の
定めのない労働契約上の権利を有する
地位にあることの確認等を求める事案
である。

　Xは、昭和 22 年生まれで、平成
21 年 4 月 1 日から、本件幼稚園の園
長として勤務していた。Xは、Yの理

事であり、評議員でもあった。

　Xは、Yとの間で「雇用に関する契
約書」、「雇用に関する契約書」、「労働
条件通知書」、「雇用契約書」とタイト
ルは変遷しているが、毎年、契約が更
新されていたが、Yは平成 29 年 1 月
29 日の理事会においてXについては
平成 29 年度限りで退任させることに
ついて理事会に参加していた理事が全
員賛成し、Xに伝える時期は理事長に
一任された。

　そして、Yは、Xに対し平成 29 年
11 月 14 日、30 年 4 月 1 日以降は契
約を更新しない旨を通告し、雇止めし
た。雇止めの理由は、①遊具からの
園児の転落事故に関する対応に問題
があったこと、②XやXの娘である
Jに対する不当な優遇措置があったこ

と、③理事会前に園長を含む人事体制を他の職員に口外してしまい、法人に混乱をもたらしたこと、④法人内の意思決定について全く理解しておらず、これらの問題に対する自覚や反省がみられなかったこと等であった。

その後、XはYに対し、無期労働契約への転換を申し込んだ。

本判決は、Xの期間の定めのない労働契約上の権利を有する地位にあることの確認請求、未払い賃金等の請求を認め、慰謝料請求は棄却した。

本件の争点は、(1)XとYとの間の労働契約の有無、(2)(1)が認められる場合、本件更新拒絶の有効性、(3)不法行為の成否および慰謝料額であるが、(2)について紹介する。

 判決のポイント

労働契約法19条2号が定める要件について検討すると、X採用時の理事会において、Xについては、これまでの慣例どおり定年と任期設定を設けないと決定されていたこと、Xの契約は8回更新され通算9年に及ぶこと、…Xは、園長として新しい制度に対応した取組を行っている最中であると考えられること、本件更新拒絶については、平成29年11月14日に予告もなく

通告されたものであり、Xはそれまで平成30年度に向けて入園説明会や入園希望者面接を行い、職員の勤続意思確認の面接も行っていることからすると、…「契約が更新されるものと期待することについて合理的な理由がある」場合に該当するものと認められる。

次に、本件更新拒絶について、客観的合理性があり、社会通念上相当と認められるかどうかについて検討する。

上記①について、園児の転落事故があったのは平成29年7月であるところ、Xに対する更新拒絶は同年1月29日の理事会の時点で既に決定されていたというべきであり、その後に発生した園児の転落事故に対する対応は、Yとしては、もともと更新拒絶の理由として考慮していなかった事情である。…Y自身、更新拒絶の理由として考えていなかったようなXの園児の転落事故に対する対応について、これを本件更新拒絶の合理的な理由として重視することはできない。

上記③について、Yが問題にするXの行動は、平成29年11月14日に更新拒絶を通告した後の出来事であるから、更新拒絶が決定された同年1月29日の段階では判明していない事実であり、これを理由として更新拒絶が決定されたものではなく、本件更新

拒絶の合理的な理由として重視することはできないことは上記①と同様である。

本件更新拒絶の理由として被告が主張する事情は、いずれもその合理性を基礎付けるものとしては認められない。

 応用と見直し

(1) 更新への合理的期待の有無

本判決は、上記のとおりXが更新への合理的期待を有すると判断し、労働契約法19条2号により雇止めを無効とした。この判断自体、異論はないであろう。なお、労働契約法19条が施行された際の通達（平24・8・10基発0810第2号。以下「施行通達」）では、合理的期待の判断時期について「最初の有期労働契約の締結時から雇止めされた有期労働契約の満了時までのあらゆる事情が総合的に勘案されること」と規定したものとされており、これに沿った判断であるといえる。

(2) 更新拒絶の合理的な理由の判断時期

他方、本判決は、上記のとおり、Yが更新拒絶を実質的に決定（平成29

年1月29日の理事会）した後に生じた事由については、更新拒絶の理由として「重視することはできない」と指摘している。この趣旨は判然としないが、そもそも有期労働契約は原則として期間満了により当然に終了するものである。そして、雇止めとは、使用者が有期労働契約を更新しないことに過ぎず、期間満了により有期労働契約を終了させる取扱いを意味するが、解雇のごとく法律行為ではなく、いわゆる観念の通知に過ぎない。

そして、更新拒絶の合理的な理由の判断時期については、施行通達では何ら触れられていないが、有期労働契約の期間満了までに生じていた事由が考慮対象となることは当然のことと解される。ところが、本判決は上記のごとく「重視することはできない」と判示している。この判示部分は、懲戒解雇の事案において懲戒当時に使用者が認識していなかった非違行為の存在をもって当該懲戒の有効性を根拠付けることは、特段の事情のない限り、許されない旨判示した山口観光最高裁判決（最一小判平8・9・26）に類似するものなのかもしれないが、本件は解雇事案ではないのであり、そのような限定を付する法的根拠が明らかではないという問題点がある（もちろん、実務

上、更新拒絶を労働者に伝える時点で判明していた事実を更新拒絶の理由とすることが説得力を有するものであることはいうまでもないし、本件においてＹが主張していた雇止めの理由が合理的理由とならないという結論は異存ない）。

実務上、概ね期間満了の１カ月ほど前に雇止め通告をし、期間満了までの間に新たな雇止め理由が生ずることは珍しくはなく、控訴審を注視する必要があると考える。

MEMO

雇
止
め

更新5年ルール設け雇止め、
約30年勤務したが

－博報堂事件－（福岡地判令2・3・17）

弁護士　牛嶋　勉　　　　　　　　　　　［労経速2415号3頁］

　約30年間勤務したが、「最長5年ルール」の導入により雇止めされたため地位確認を求めた。5年としつつ例外も設けていた。福岡地裁は、同ルールにより契約更新の高い期待は大きく減殺されないと判断。契約書に署名押印はあるが終了に合意したとはいえないとした。人件費削減を理由に雇止めは認められず、業務上の問題点を指摘するが適切な指導を行ったともいえないなど雇止めを無効とした。

署名押印あっても雇用の期待大きく減殺せず

 事案の概要

　原告は、被告との間で、昭和63年4月から1年毎の有期雇用契約を締結し、29回にわたって契約を更新した。平成25年4月1日以降の雇用契約書には平成30年3月31日以降は契約を更新しない旨の不更新条項が記載されていた。原告は、平成29年12月、契約の更新を申し入れたが、被告は拒絶し、平成30年3月31日をもって契約期間が満了した。

　原告は、原被告間の有期雇用契約は、労働契約法19条1号または2号に該当し、雇止めは無効であり、有期雇用

契約が更新によって継続している旨主張して、労働契約上の地位確認等を求めた。

 判決のポイント

　約30年にわたり本件雇用契約を更新してきた原告にとって、…有期雇用契約を終了させることは、その生活面のみならず、社会的な立場等にも大きな変化をもたらすものであり、その負担も少なくないものと考えられるから、…本件雇用契約を終了させる合意を認定するには慎重を期す必要があり、これを肯定するには、原告の明確

な意思が認められなければならない。…不更新条項が記載された雇用契約書への署名押印を拒否することは、原告にとって、本件雇用契約が更新できないことを意味するのであるから、このような条項のある雇用契約書に署名押印をしていたからといって、直ちに、原告が雇用契約を終了させる旨の明確な意思を表明したものとみることは相当ではない。

本件雇用契約が合意によって終了したものと認めることはできず、…被告は、契約期間満了日…に雇止めした。

本件雇用契約…全体を…期間の定めのない雇用契約と社会通念上同視できるとするには、やや困難な面があることは否めず、…労働契約法19条1号に直ちには該当しない。

被告は、原告が昭和63年4月に新卒採用で入社した以降、平成25年まで、いわば形骸化したというべき契約更新を繰り返してきたものであり、…契約更新に対する期待は相当に高いものがあった…、その期待は合理的な理由に裏付けられたもの…である。また、被告は、平成25年以降、…最長5年ルールの適用を徹底しているが、それも一定の例外…が設けられ…契約更新に対する高い期待が大きく減殺される状況にあったということはできない。

…契約更新に対する期待は、労働契約法19条2号により、保護されるべき…ということができる。

被告の主張する人件費の削減や業務効率の見直しの必要性というおよそ一般的な理由では本件雇止めの合理性を肯定するには不十分である…。また、原告のコミュニケーション能力の問題については、…雇用を継続することが困難であるほどの重大なものとまでは認め難い。むしろ、原告を新卒採用し、長期間にわたって雇用を継続しながら、その間、被告が、…その主張する様な問題点を指摘し、適切な指導教育を行ったともいえないから、（前記の）問題を殊更に重視することはできない…。…他に、本件雇止めを是認すべき客観的・合理的な理由は見出せない。

 応用と見直し

日本郵便事件

有期雇用契約について更新上限を設定し、その上限に基づいて雇止めする事例が増加しており、その雇止めが訴訟に発展する事例も増えている。

日本郵便（65歳雇止め）事件（最二小判平30・9・14）は、平成19年10月に期間雇用社員就業規則を制定

雇
止
め

し、満65歳に達した日以後の最初の雇用契約期間満了日以後は雇用契約を更新しない旨の上限条項を設けた後に、その条項に基づいて雇止めした事案である。「被上告人の事業規模等に照らしても…一定の年齢に達した場合には契約を更新しない旨をあらかじめ就業規則に定めておくことには相応の合理性がある」「本件上限条項については、あらかじめ労働者に周知させる措置がとられていたほか、本件上限条項の適用を最初に受けることになる上告人○○及び同××以外の上告人らについては、本件上限条項により満65歳以降における契約の更新がされない旨を説明する書面が交付されており、上告人○○及び同××についても、その勤務していた各支店において、既に周囲の期間雇用社員が本件上限条項による雇止めを受けていた…。そうすると、…上告人らにつき、本件各雇止めの時点において、本件各有期労働契約の期間満了後もその雇用関係が継続されるものと期待することに合理的な理由があったということはできない。…本件各雇止めは適法」と判断した。

この事案では、満65歳に達した日以後は雇用契約を更新しない旨の上限条項が周知され、そのとおりに運用されていたから、更新を期待することに合理的な理由がないとされたものと考えられる。

高知県公立大学法人事件

高知県公立大学法人事件（高知地判令2・3・17）で、原告はシステムエンジニアであり、被告と有期労働契約を締結して遠隔テレビ会議システム等の構築と運用に関する業務（平成24年度から平成30年度まで実施されるDNGLプログラムに関する業務）に従事していたが、3回契約更新された後、平成29年度末である平成30年3月31日をもって雇止めされた事案である。

判決は、「6年間のDNGLプロジェクトの存在を前提としていた本件労働契約について、DNGLプロジェクトが終了する1年前に、本件労働契約に関して、あえて雇止めしなければならない、客観的な理由や社会通念上の相当性があったのかは疑問であり、…被告は、労契法18条1項による転換を強く意識していたものと推認できる…、原告に雇用契約が更新されるとの合理的期待が認められるにもかかわらず、同条同項が適用される直前に雇止めをするという、法を潜脱するかのような雇止めを是認することはできない」と述べて、雇止めを無効とした。

これは、従事していたプロジェクト業務が終了する1年前に雇止めしたのは無期転換を阻止する意図があったと推認され、雇止めの効力が否定された事例である。

実務上の留意点

本件は、約30年にわたり有期雇用契約を29回更新した社員について、労働契約法改正を契機として、平成25年4月1日以降の雇用契約書には平成30年3月31日以降は契約を更新しない旨の不更新条項を記載した事案であり、雇用契約が長期間、多数回更新されていたことが重視されたと考えられる。

他方、更新上限の定めに基づく雇止めが肯定された裁判例もあり、それぞれの事案を十分検討した対応が必要である。

MEMO

財源悪化し更新5年まで、無期転換目前で終了

―グリーントラストうつのみや事件―（宇都宮地判令2・6・10）

弁護士　中町　誠　　　　　　　　　　　　　　　　　　［労判ジャ101号2頁］

> 　緑地の保全活動を行う公益財団法人の非常勤嘱託職員が、契約更新の上限5年に達し、平成30年3月末に雇止めされた事案。市は財源悪化を理由に人員整理するよう指導していた。裁判所は、整理解雇の法理が妥当するとしたうえで、解雇回避努力や対象者の選定を検討した形跡がまったく認められず雇止め無効とした。雇止め後に申し込んでいた無期転換を認めている。

回避努力怠っており、人員整理的な雇止め無効に

 事案の概要

　原告は、平成24年11月1日に被告との間で有期労働契約を締結した。平成25年4月1日から1年契約の更新を繰り返し、平成30年3月31日をもって雇止めされた。原告は、平成29年4月1日に締結した期間の定めのある労働契約は労働契約法19条各号の要件を満たし、かつ、被告が原告からの更新の申入れを拒絶することは客観的に合理的な理由を欠き、社会通念上相当であると認められないから、被告は上記労働契約と同一の労働条件でこれを承諾したものとみなされ、かつ、同法18条1項により期間の定めのない労働契約に転換されたなどと主張して、労働契約上の権利を有する地位にあることを確認するとともに、賃金請求等をした。

 判決のポイント

　1、本件各労働契約は、「期間の定めのない労働契約と実質的に異ならない状態」にあったものと評価することはできず、…労契法19条1号には該当しないものというべきである。…19条2号の該当性について…本件各労働契約の回数は既に5回を数えているほか、…期間満了時における通算雇用期間は5年5か月に及んでいる上、更新に当たっての…面談も僅か数分程度のものが殆どで、原告の任用期間満了時の業務量、勤務成績・態度、能力等に関して実質的な審査が行われた形

跡はなく、むしろ、「嘱託」職員の任用には期限はないかのような発言をして原告を安心させようとする被告理事長も存在しており、…アルバイト時代を含むとはいえ約20年間も被告に勤務した非常勤嘱託員もいたこと…、（仕事の内容も）被告の基幹業務ないしはこれに関連する多くの業務に携わり、時には主務者としてその業務遂行を差配していた。…雇用期間の定めの意味や目的を考慮したとしても、なお、原告の雇用継続に対する期待を保護する必要は高いものというべきであるから、…本件労働契約は労契法19条2号に該当する。

2、労契法19条各号により雇用継続の期待が保護される有期労働契約においても人員整理的な雇止めが行われることがあり、…本件雇止めも、かかる人員整理的な雇止めとして実行されたものということができる。そうすると、その審査の在り方（厳格性）はともかく、本件雇止めにも、いわゆる整理解雇の法理が妥当するものというべきであるから、〔1〕人員整理の必要性、〔2〕使用者による解雇回避努力の有無・程度、〔3〕被解雇者の選定及び〔4〕その手続の妥当性を要素として総合考慮し、人員整理的雇止めとしての客観的合理性・社会的相当性が肯定される場合に限り、本件雇止めには上記特段の事情が認められるものというべきである。

しかし、上記原告の業務実態は、本件各労働契約締結のかなり早い段階から、非常勤としての臨時的なものから基幹的業務に関する常用的なものへと変容し、その雇用期間の定めも、雇止めを容易にするだけの名目的なものになりつつあったというのであるから、〔1〕人員整理のため本件雇止めを行う必要性をそれほど大きく重視することは適当ではない上、〔2〕本件雇止め回避努力の有無・程度、〔3〕被雇止め者の選定及び〔4〕その手続の妥当性に関する審査も、これを大きく緩和することは許されないものと解されるところ、被告は、財政援助団体である宇都宮市（人事課）からの指導を唯々諾々と受け入れ、本件の人員整理的な雇止めを実行したものであって、その決定過程において本件雇止めを回避するための努力はもとより、原告を被雇止め者として選定することやその手続の妥当性について何らかの検討を加えた形跡は全く認められないのであるから、これらの事情を合わせ考慮すると、人員整理を目的とした本件雇止めには、客観的な合理性はもとより社会的な相当性も認められず、したがって、

雇
止
め

本件雇止めに上記特段の事情は存在しないものというべきである（雇止め無効、雇用契約上の権利を有する地位にあることを確認、賃金請求認容）。

 応用と見直し

　本件は、非常勤職員の財源を宇都宮市の補助金に依拠している公益財団法人が、財政援助団体である宇都宮市の指導により、人員整理的な雇止めを行い、その効力が争われた事案である。周知のとおり、有期雇用契約の終了については、使用者の更新拒否がなされても、労契法19条1号（実質無期タイプ）または2号（期待利益保護タイプ）に該当する場合は、合理的な理由と相当性が認められなければ、労働者の申込みによって従前と同一の労働条件での更新合意が擬制される。したがって、本件有期契約が労契法19条の1号ないし2号に該当するかが先決問題となるが、本判決は判決のポイント1のとおり、2号に該当すると結論付けた。次に合理性と相当性の判断が必要となる。本件は雇用調整目的であるから、いわゆる整理解雇の4要件（要素）の類推適用が問題となる。裁判例では、いわゆる4要件を考慮するとしても、正社員のそれと比較す

ると緩和された解釈がなされる場合が多い。たとえば、最高裁日立メディコ事件（最一小判昭61・12・4）では、期間の定めのない社員と比較すると雇止めの判断基準は「自ずから合理的な差異がある」と判示し、臨時工の雇止めに先立つ本工の希望退職募集を不要とする。しかし、一方で雇用継続の期待利益の大きさと雇止めの判断は相関するとも解されており（すなわち期待利益が大きい場合は雇止めの審査はより厳格になる）、当該「定勤社員」の雇止めに先立つ定勤社員の希望退職募集の欠如を理由に雇止めの効力を否定する裁判例（大阪地判平3・10・22）など、厳格に審査される例もある。

　本件では、財政援助団体たる市の指導による雇止めについて必要性は一応認めたものの、4要件（要素）の他の要素について全く考慮した形跡がないことをもって、雇止めの効力を否定したものである。

　なお、本件で原告は、本件雇止めは、労契法18条1項所定の期間の定めのない労働契約の締結申込権の発生を免れることを目的とするものであって、それ自体不合理であると主張した。しかし、本判決は、労契法18条所定の「通算契約期間」が経過し、労働者に無期労働契約の締結申込権が発生するまで

は、使用者には労働契約を更新しない自由が認められているのであって、使用者が上記無期労働契約の締結申込権の発生を回避するため、上記「通算契約期間」内に当該有期労働契約の更新を拒絶したとしても、それ自体は格別不合理な行為ではないとしている。

MEMO

定年直前に事業所閉鎖、

解雇無効や賠償を請求

－尾崎織マーク事件－（京都地判平30・4・13）

弁護士　牛嶋　勉　　　　　　　　　　　　　　［労判1210号66頁］

　経営不振による事業所閉鎖に伴い整理解雇されたセンター長が、当時59歳8カ月で60歳定年後も再雇用されていたと主張して地位確認等を求めた。京都地裁は、解雇回避努力などを欠き解雇無効としたうえで、雇用継続の期待権を侵害したとして、健康状態を加味して契約更新が期待できた3年分の損害賠償を命じた。最低賃金から算出している。定年後の労働条件の合意は存在せず、地位確認は斥けた。

期待権を侵害、健康状態加味し損害額を最賃3年分とする

 事案の概要

　被告は、京都市に本社を有し、東京支店、大阪支店、中国支店等を設けて、織マーク、ワッペン等の制作販売を行っている。

　原告は、Aセンター所長として勤務していたが、①平成28年3月15日の「Aセンター廃止の為、同年4月16日をもって解雇する」旨の解雇通知が無効であるとして、定年（平成28年8月3日）までの未払賃金等の支払いを求め、②解雇が無効であれば、当然に定年後は再雇用されることが予定されていたとして、再雇用後の労働

契約上の地位確認等を求めた。

 判決のポイント

　「本件解雇は、危機的状況にあった被告の経営状態の改善や経営合理化を進めるため、重い負担となっていた経費削減の具体策（Aセンター閉鎖）の実現を目的として行われ…、いわゆる整理解雇の一種と解するのが相当である。…本件解雇の有効性判断については、…①人員削減の必要性があること、②使用者が整理解雇回避のための努力を尽くしたこと（解雇回避努力義務）、③被解雇者の選定基準及び選定が公正

であること、④解雇手続の相当性（労働組合や労働者に対して必要な説明・協議を誠実に行ったか）の４つの要素を総合して判断するのが相当である」。

「Ａセンター閉鎖が決定されたことに伴う原告の処遇が平成27年9月から平成28年3月にかけて重要な課題であったところ、その最中に被告東京支店において営業担当社員の新規採用が行われていた事実が認められる。…経費削減の一環として本件解雇がなされた一方で、被告東京支店に所属する営業担当社員を2名新規採用するといった対応は、一貫性を欠く…。少なくとも原告側に対して東京支店への配転の打診は行うべきであった…ところ、それをした形跡も窺われないから、解雇回避のための努力を尽くしたと評価するには至らない」。

「本件解雇通告に至っては、原告側としては未だ条件の摺り合わせ段階にあると認識していたにもかかわらず、被告側が一方的に設定した期限までに返答がなかったことを理由に解雇通告したと評価せざるを得ず、誠実に説明・協議を行ったとは認め難い。…本件解雇は無効というべきである」。

「定年後の再雇用（雇用継続）について、再雇用を希望する者全員との間で新たに労働契約を締結する状況が事実上続いていたとしても、労働契約が締結されたと認定・評価するには、…賃金額を含めた核心的な労働条件に関する合意の存在が不可欠である。…嘱託社員としての再雇用契約締結に関する合意は全く存在しない以上、その契約上の地位にあることも認められない」。

「原告が、定年後に嘱託社員として被告に再雇用（継続雇用）されることを期待していたことは明らかであり、…被告は…違法無効な整理解雇通知をしたものであり、これによって原告の雇用継続の期待権を侵害した不法行為責任を負う」。

「損害賠償額は、控えめに見て、最低賃金法に基づく地域別最低賃金額相当額を下回らない…。この損害賠償額は、…1か月当たり12万2724円を下回らない。…損害発生期間については、定年退職後の再雇用規程…によると、最大で満65歳に達するまで再雇用（継続雇用）されることが期待できるものの、原告の健康状態が5年間維持されるとは必ずしも断定できないことから、控えめに見て少なくとも3年間の更新は期待できるものとして、期待権侵害による損害賠償額は3年分相当額…と認めるのが相当である。…損害賠償額は…401万423円…となる」。

解雇

応用と見直し

整理解雇の判断枠組み

　整理解雇については、かつては、①人員削減の必要性、②人選の合理性、③解雇回避努力、④手続きの相当性を整理解雇の4要件と称して、いずれかの要件を満たさなければ無効であるとする裁判例も少なくなかったが、平成12年頃以降は変化してきている。たとえば、CSFBセキュリティーズ・ジャパン・リミテッド事件（東京高判平18・12・26）は、「（前記4要件について）整理解雇の効力（権利濫用の有無）を総合的に判断する上での重要な要素を類型化したものとして意味を持つにすぎないものであって、整理解雇を有効と認めるについての厳格な意味での『要件』ではないと解すべきである」と明確に述べている。

定年後再雇用に関する損害賠償

　九州惣菜事件（福岡高判平29・9・7）は、定年に達した控訴人が、予備的に、会社が、賃金が著しく低廉で不合理な労働条件の提示しか行わなかったことは、再雇用の機会を侵害する不法行為であると主張して、慰謝料等の支払いを求めた事案について、「（高年法

の）趣旨に反する事業主の行為、例えば、再雇用について、極めて不合理であって、労働者である高年齢者の希望・期待に著しく反し、到底受け入れ難いような労働条件を提示する行為は、継続雇用制度の導入の趣旨に違反した違法性を有するものであり、事業主の負う高年齢者雇用確保措置を講じる義務の反射的効果として…高年齢者が有する、上記措置の合理的運用により65歳までの安定的雇用を享受できるという法的保護に値する利益を侵害する不法行為となり得る」と述べたうえ、慰謝料100万円等の賠償を命じた。

　また、トヨタ自動車ほか事件（名古屋高判平28・9・28）は、定年退職時に、会社が「スキルドパートナー」としての再雇用を拒否して、1年間のパートタイマーとして清掃業務等の雇用を提示した事案について、「定年後の継続雇用としてどのような労働条件を提示するか…一定の裁量があるとしても、提示した労働条件が、無年金・無収入の期間の発生を防ぐという趣旨に照らして到底容認できないような低額の給与水準であったり、社会通念に照らし当該労働者にとって到底受け入れ難いような職務内容を提示するなど実質的に継続雇用の機会を与えたとは認められない場合…高年法の趣旨に明らかに

反する」と述べたうえ、控訴人がパートタイマーとして1年間再雇用された場合の賃金等に相当する127万円余の慰謝料等の賠償を命じた。

実務上の留意点

定年後の再雇用契約の成立は認められなかったが、会社の不法行為が認定された場合に、どのような損害賠償が認められるかは困難な問題である。本判決が地域別最低賃金額の3年分相当額の賠償を命じたことも参考になろう。

MEMO

解雇

即戦力採用の証券マン、試用満了で解雇される

－ G 社事件－（東京地判平 31・2・25）

［労判 1212 号 69 頁］

即戦力として中途採用された証券アナリストが、3 カ月の試用期間満了による解雇は無効と訴えた。東京地裁は、募集要項にある金融当局への正確な報告書作成が期待されていた中で、致命的なミスを繰り返し、多数回の指導を行ったものの有意な改善はみられなかったと判断。会社は一時期、連日のように面談するなどして問題点を指摘し、ミスの原因を事情聴取していた。

多数回指導するが有意な改善なく、解雇は有効

 ### 事案の概要

原告は昭和 60 年に出生した男性、被告は不動産の賃貸借等の事業を行う会社である。

平成 27 年 1 月ころ、被告は、同社オペレーションズ部門のレギュラトリー・オペレーションズ部で勤務（出向）する人材を募集した。

募集要項には、①責任として、日次、週次または月次での当局宛て報告書の作成またはその正確性の確認等、②基本的資質として、大学卒以上、金融業務における 5 年以上の実務経験、複雑な金融商品・機能に関するデータ分析、情報技術、業務運営プロセスおよびコンプライアンス等の業務経験が求められることが記載されていた。

原告は、中途採用者として上記募集に応募し、被告に対し、信託銀行においてファンド取引のトレーダー業務などに従事した職務経験を有する旨の履歴書を提出した。

その後、原告と被告は、ⅰ期間の定めなし、ⅱ試用期間 3 カ月、ⅲ所属本件オペレーションズ部門、ⅳ職位アナリスト 2、ⅴ賃金 670 万円を内容とする労働契約を締結し、平成 27 年 7 月 10 日に入社した。なお、就業規則には、「試用期間対象者を社員として勤務させることが不適当であると決定した場合には…解雇する」旨が規定されている。

原告の配属場所は、監督官庁または取引所の法令等により定められた定期的な報告書の作成・提出等（大量保

有報告書等の作成やその作成の要否を判断するための基礎となるデータの収集・突合・分析・検討・関係部署への報告）を主に担当する部署であった。

しかし、原告は、作成書類における顧客口座番号・取引日付・発行済株式総数情報などの誤記や欠落、リポート作成やファイルの保存の失念、セカンドチェックを経ないメールの送信、締切期限に間に合わせるために保存作業が完了していなかったにもかかわらずチェックリスト上は完了したものとして処理したことなどのミスがあったため、被告は、適宜、原告と面談するなどして、業務上の問題点を指摘するとともに、ミスの原因等を事情聴取し、改善するよう指導したが、ミスが繰り返された。平成27年9月25日、被告は、原告に対し、試用期間が満了する10月10日付をもって解雇する旨通知した。

（試用期間中の執務状況等の）観察等によって被告が知悉した事実に照らして原告を引き続き雇用しておくことが適当でないと判断することが（採否の）最終決定権の留保の趣旨に徴して客観的に合理的理由を欠くものかどうか、社会通念上相当であると認められないものかどうかを検討すべきことになる。

（金融機関の職員として）関係法令等に基づいて作成し、監督官庁ないし取引所への提出を要する報告書の内容に誤りがないようにすることの重要性は、事柄の性質上明らかというべきである…。原告がした多数のミスは、決して軽微なものと評価すべきものということはできないし、（ヴァイスプレジデントらが）多数回にわたって原告に対して指導等を行ったものの、有意の改善が見られなかった…。…解雇は、権利の濫用に当たるとはいうことはできない。

 判決のポイント

原告は、…その職務経験歴等を生かした業務の遂行が期待され、被告の求める人材の要件を満たす経験者として、いわば即戦力として採用され…原告もその採用の趣旨を理解していた…。

 応用と見直し

試用期間についてリーディングケースとなった三菱樹脂事件（最大判昭48・12・12）は、試用契約の法的性質について、（事案ごとに判断する必要があるとはしつつも）「試用期間中

に…管理職要員として不適格であると認めたときは解約できる」旨の解約権留保付労働契約と理解し、留保解約権に基づく解雇は、通常の解雇より広い範囲で認められるものの、採用決定後における調査または試用中の勤務状態等により、「引き続き… 雇用しておくのが適当でないと判断することが…解約権留保の趣旨、目的に徴して、客観的に相当」な場合に、解約権を行使できるとする。

入社後、OJT を通じた教育訓練を通じて、人材の育成・活用を図るという新卒者の定期採用と終身雇用型の雇用契約関係においては、試用期間は、「職務能力の適格性判定期間」（実験観察期間）であるとともに、「基礎的な教育訓練期間」としての性質も有する。そのため、裁判例も、解約権の行使については、慎重である。

たとえば、「基本的な労働能力を修習会得させる教育」を実施し、「学歴・就くべき職種を考慮に入れた…平均的労働者を標準」に適格性を判断して、2 回の遅刻、レポートの誤字・不提出等による解約を無効としたもの（日本軽金属事件＝東京高判昭 45・9・17）、賞与の袋詰め作業上の金額の数え間違いを 4 度行った事案において、慣れない作業や叱責による緊張のため

として、解約を無効としたもの（小太郎漢方製薬事件＝大阪地決昭 52・6・27）がある。

これに対し、中途採用の場合には、特定の職位・職種や専門性、キャリアなどを基にした一定の職務遂行能力があることを前提に採用されるため、試用期間は、字義どおり、「職務能力の適格性判定期間」として解することが相当な場合が多く、解約権行使の可否は、労働契約上求められる一定の職務遂行能力を基準に判断される。役員に次ぐシニアマネージャーとして採用された社員について、単純な作業ができず業務を停滞させたこと、私的にサイトを閲覧し女性社員から苦情が出た事案において、解約を有効としたもの（キングスオート事件＝東京地判平 27・10・9）、土木設計業の CAD オペレーターとして採用された社員が、作成を指示された配筋図に誤りがあった事案において、募集要項では、「必要な経験等」に CAD ができることとしていたに過ぎず、処遇も設計業務の経験を持たない社員と変わらなかったことなどを考慮して、解約を無効としたもの（X 設計事件＝東京地判平 27・1・28）などがある。

本件は、当局宛報告書の作成やその正確性等とそのための 一定の実務経験

が求められる職務として採用されたにもかかわらず、書類作成等に当たりミスを多発した事案において、解約を有効としたものである。中途採用は、即戦力と期待して採用したが期待外れということも少なくないようである。そのような場合に備え、求められる職務遂行能力の内容・程度などを労働契約上、特定することの重要性を喚起させる事案といえる。

MEMO

解雇

客室乗務員の所属部署閉鎖、職種転換拒みクビ

－ユナイテッド・エアーラインズ事件－（東京地判平31・3・28）

弁護士　緒方　彰人　　　　　　　　　　　　　［労経速 2381 号 15 頁］

客室乗務員が、所属する成田ベース（部署）の廃止に伴い整理解雇されたため、地位確認を求めた。会社は、グアム路線を順次縮小し業務量が減少と主張した。東京地裁は、海外の部署への配属が事実上困難な中、年収が維持される地上職への職種転換の提案や割増退職金を支払う早期退職の募集を評価。解雇回避措置など整理解雇の 4 要素を満たすと判断し請求を斥けた。

職種転換、割増退職金提案を行うなど整理解雇 4 要素満たす

 ### 事案の概要

被告（旧 CO 社）は、国際旅客事業を営む航空会社である。平成 25 年 3 月、旧 UA 社を吸収合併し UA 社に社名変更し、同 29 年 4 月に子会社であった CMI 社を吸収合併した。

原告らは、CMI 社の客室乗務員（FA）（職種限定社員）であり、原告組合（労組）に所属していた。

CMI 社は、旧 UA 社の運航便（主としてグアムから放射線状に伸びる路線）において、FA による機内サービスを提供していた。FA が所属する部署は、メインベースであるグアムベースとその補助ベースである成田ベースがあったが、平成 24 年以降、日本人のグアム来島者の減少に伴い、順次、

グアム、日本路線が廃止・縮小したため、成田ベース所属の FA の乗務時間も月 700 時間程度まで落ち込み、成田ベースの維持費と見合ったものとなっておらず、同程度の業務量であれば、グアムベース所属の FA でも対応可能であった。また成田ベースを閉鎖した場合、年間 10 万ドルを超えるコスト削減が可能であった。

CMI 社は成田ベースおよびグアムベース所属の FA に対し早期退職募集をしたが、さらに、平成 28 年 2 月 4 日、成田ベースを閉鎖することとし、原告組合に対し通知した。CMI 社は、その後の団体交渉を通じて、成田ベース閉鎖の事情などを説明するとともに、同一年収水準での地上職への職種転換や早期退職に伴う特別退職金（20 カ月

分）の支払いなどを提案したが、妥結に至らなかった。同年5月31日、CMI社は、原告らを含む成田ベース所属のFAを解雇した。

①本件解雇の時点において、CMI社とUA社との合併が確実視されていたと認めることはできない…。…CMI社単体で…本件解雇が客観的に合理的な理由があるか否か、社会通念上相当として是認できるか否かを検討するのが相当である。

②FAとしての基本給を支払うこと自体が成田ベース所属FAの労務提供の量と比較して見合っておらず…成田ベースを閉鎖してFA業務の担当から外すという意味で人員を削減する高度の必要性があったと認められる。

③原告らが基本的にグアムに居住し、グアムベースで勤務することは事実上困難で…、日本に居住しながらグアムベースで勤務しようとすると…不法就労となる疑いがある。…早期退職に伴う特別退職金の支払や、FAの年収水準を維持した上での地上職への転換など、解雇により原告らに与える不利益を相当程度緩和する措置が執られ、可能な限りの解雇回避措置を講じ

ている。

④被解雇者選定の点では、成田ベースの閉鎖が前提となっているものであり、同ベース所属FA全員が該当するところ、早期退職又は地上職への転換に応じた者以外の全員が解雇されているから、選定の合理性も認められる。

⑤CMI社は複数回にわたる団体交渉を通じて、原告組合に対し、成田ベース閉鎖の経緯及び必要性を説明するとともに、早期退職又は地上職への転換とその条件提示を行ってきたものであるから、手続面においても問題は認められない（解雇有効）。

整理解雇の有効性は、人員削減の必要性、人員削減の手段として整理解雇を選択することの必要性（解雇回避措置義務の履行）、被解雇者選定の妥当性、手続きの妥当性という4要素を基に判断される（菅野和夫「労働法」）。本件判旨も上記4要素を基に判断を行っているが、まず①本件では、解雇後に被告がCMI社を吸収合併したことなどから、解雇の有効性を被告を含めたUAグループ全体として判断すべきではないかということが問題となった。本件解雇当時、原告らの使用者

解雇

はCMI社であり、UA社による吸収合併が確実視されていたわけでもないから、CMI社を主体として解雇の有効性を判断するとした本件判旨は妥当である。

②人員削減の必要性については、経営専門家の判断が尊重される傾向にあるが（前掲菅野）、本件では、業務量の減少により、業務量とグアムベースの補助ベースである成田ベース所属のFAの人員や維持費が見合うものでなくコスト高の要因となっていたから、成田ベースを閉鎖することやそれに伴い生じた余剰人員を削減する必要性は肯定されよう。

③解雇回避措置は、当該人員整理の具体的な状況のなかで全体として指名解雇回避のための真摯かつ合理的な努力と認められるか否かが判定される（前掲菅野）。本件のように部門閉鎖に伴う解雇を検討する際には、解雇回避措置として、他部署への配転可能性や他部署における希望退職の募集の実施などが求められる場合もあるが（高嶺清掃事件＝東京地判平21・9・30、東亜外業事件＝神戸地判平25・2・27など）、本件では、成田ベース所属のFAがグアムベースにて勤務することが事実上困難であったことや同一年収水準での地上職への職種転換の提案がなされていること、成田ベース閉鎖の前に、グアムベースを含めて希望退職の募集がなされていたこと、地上職への提案を希望しない者に対しては、雇用喪失の損失を緩和する措置として、早期退職に伴う特別退職金（20カ月分）の提案がなされていることなどから、可能な限りの解雇回避措置が講じられているといえよう。

④集団的な整理解雇も個々の解雇の集積とみることができるから、被解雇者の選定についての合理性が求められるが、本件では、成田ベースの閉鎖に伴う解雇であることや、成田ベース所属のFAについての配転が困難であることなどからすれば、成田ベース所属のFAを対象とすることも合理性が認められよう。

⑤手続きにおいても、本件では、団体交渉を通じて、成田ベースの閉鎖の理由等を説明するとともに、地上職への職種転換や早期退職などの提案を行い、理解を得るための説明や協議を行っているから妥当といえよう。

⑥私企業は、採算を無視して事業活動や雇用を継続すべき義務を負うものではなく、事業規模縮小の結果、需要が減少し不要となった労働力の購買を強制されるいわれもない（東洋酸素事件＝東京高判昭54・10・29参照）。

そのため、本件のように、他部署への配転なども困難であり、いわば活用の場がない人員について、次善の策として、雇用喪失に伴う不利益緩和措置の提案をするなどして、解雇に至ることも許容されよう（同旨の近時の裁判例として、新井鉄工所事件＝東京高判平30・10・10など）。

MEMO

解
雇

精神科を受診後も問題行動繰り返して普通解雇

－ビックカメラ事件－ （東京地判令元・8・1）

弁護士　石井　妙子

［労経速 2406 号 3 頁］

売場で問題行動を繰り返す販売員に対し、3度の懲戒処分をしたが改善がみられず解雇した事案。従業員は、精神疾患に休職措置が採られず解雇無効と訴えた。東京地裁は、会社は精神科の受診と通院加療を命じるなど配慮したが、本人は通院を怠ったことなどから、休職措置を講じなくても解雇権濫用とはいえないと判断。他の売場なら就業に適する状態になるとも認められないとした。

通院命じたが拒否、休職措置なくても解雇有効

 事案の概要

　Xは、Y社との間で雇用契約を締結し、販売員等として勤務していたが、平成26年頃から問題行動をとるようになり、Y社では店舗と本部が相談をしながら、注意・指導を重ねていた。

　Y社は、Xの不適切な言動が精神疾患によるものである可能性を考慮し、産業医との面談を実施し、専門医の受診を命じるなどしたところ、適応障害、心身症、反応性うつ病等の診断がなされた。しかし、Xは継続的な通院をせず、無断で早退や長時間の職場離脱をする、トイレに行くと告げて食堂で寝る、上司に対して侮辱的な内容のメールを送信する、業務における事

務手続き上のミスをする、インカムを用いて不適切な発言を行う等の問題が多発し、Y社は、平成27年8月に譴責、同年10月に出勤停止7日間、平成28年3月に降格（降給）の懲戒処分を行い、再三の注意・指導、3回にわたる懲戒処分にもかかわらず改善がないとして、同年4月にXを解雇した。

　Xは、トイレに行くことに関する言動に関してはY社に不適切な対応があったとし、また、配置転換や休職命令等の措置を採らなかったこと等を指摘して、本件解雇は無効であるとして提訴した。

判決のポイント

1 勤務遂行能力・勤務状況

　無断の早退や売場を離れること、不適切な発言等の言動がＹ社の業務に支障を生じさせたことは明らかである。加えて、業務における事務手続上の誤りや、禁止されている行動を繰り返し行ったほか、上司に対して侮辱的な内容の発言やメールをするなどしていた…事情に照らせば、Ｘの業務遂行能力や勤務状況は著しく不良であったというべきである。

2 解雇前に配置転換をしなかった点

　Ｘは指導や懲戒処分を受けた後も、…不適切な言動を繰り返していたのであるから、業務遂行能力や勤務状況について、向上、改善の見込みが認め難いものというべきであり、Ｘを他の売り場に配置することで就業に適する状態になるものと認めることはできず、配置転換をすべきであったとの主張は採用できない。

3 休職命令等の措置を採らなかった点

　Ｙ社は、Ｘの問題行動を確認するよ

うになった後、Ｘに産業医との面談を行わせ、精神科医を受診させたほか、社員就業規程に基づき精神科医への受診及び通院加療を命じるなどしているのであるから、Ｘの問題行動が精神疾患による可能性について、相当の配慮を行っていたものと認められる。

　Ｙ社は、…休職の措置をとることなく本件解雇を行ったものであるが、Ｘから休職の申出がされたことは窺われない上、社員就業規程においては、休職を命じるためには、業務外の傷病による勤務不能のための欠勤が引き続き１か月を超えたこと、又は、これに準じる特別な事情に該当することや、医師の診断書の提出が必要とされているところ、Ｘが１か月を超えて欠勤した事実は認められず、また、…Ｙ社が医師に対して病状等を照会したものの、Ｘの精神疾患の有無や内容、程度及び問題行動に与えた影響は明らかにならなかったというべきであるから、Ｘに対して休職を命じるべき事情は認められない。

　Ｙ社は、Ｘの問題行動に対して懲戒処分や指導を行っていたほか、精神科医への受診及び通院加療等を命じるなどしているのに対し、Ｘは、継続的な通院を怠り、問題行動を繰り返しているのであるから、これらの事情を考慮

解雇

すると、…休職の措置をとることなく本件解雇に及んだとしても、解雇権を濫用したものということはできない。

4　結論

本件解雇は客観的に合理的な理由があり、社会通念上相当と認められ、有効である。

 応用と見直し

1　問題行動への対応

職場秩序を乱す行為等の問題行動については、まずは日常的な注意・指導をしてその記録を残し、また、状況に応じて書面で改善事項を示すなどして、改善を促すが、それでも改善されない場合には、（問題行動の内容にもよるが）譴責等の軽めの懲戒処分から始めて、改善がない場合には、2、3度繰り返す、あるいは繰り返すたびに加重し、また、このままでは雇用は維持できない旨の警告もして自覚を促したうえで、それでも改善がみられない場合には解雇を検討することになる。

問題行動が多発し、改善がなされないとしても、一つひとつの行動が悪質・重大でない限りは、懲戒解雇は重すぎるので、勤務状況不良、能力・適性の

欠如などを理由として普通解雇を選択すべきであろう。また、懲戒解雇の場合は、処分対象となるのは、その時点での不適切な言動に限定されるが、普通解雇の場合は、本判決にみるとおり、それまでに処分対象となった行為もすべて解雇理由を構成することになるので、この点でも、問題行動多発類型においては、普通解雇を選択することが適切なことが多いと考える。

2　精神疾患による可能性がある場合

精神疾患による問題行動とみられる場合の対応について、方向性を示した最高裁判例として、日本ヒューレット・パッカード事件（最二小判平24・4・27号）がある。妄想に由来する無断欠勤に対して諭旨退職の懲戒処分をした事案であったが、精神科医による健康診断を実施するなどしたうえで、その診断結果等に応じて、必要な場合は治療を勧めたうえで休職等の処分を検討し、その後の経過をみるなどの対応を採るべきであり、このような対応を採ることなく、諭旨退職の懲戒処分の措置を採ることは、精神的な不調を抱える労働者に対する使用者の対応としては適切なものとはいい難いとした。この判決は、その後、欠勤に限らず、

精神疾患に影響される問題行動の事案において、持ち出されるようになり、まずは専門医を受診させ、就業規則に受診命令の根拠規定があれば、必要に応じて受診命令を出し、受診結果に応じて傷病欠勤・休職、休職期間満了で復職できない場合に退職（就業規則によっては、休職期間満了解雇）というのが、いわば人事担当者の対応の基本となっている。

しかし、受診命令に応じない場合（そのため、精神疾患による影響が明らかでない場合）や、受診しても欠勤に至らず、しかしトラブルは続発させるケースも多い。そのような場合に、休職発令をせず対応する場合の要点を示すものとして、本判決は実務上参考となるものである。

MEMO

解雇

"単純作業"指示され
パワハラと拒否したら解雇

－東芝総合人材開発事件－（東京高判令元・10・2）

弁護士　岡芹　健夫　　　　　　　　　　　　　　　［労判 1219 号 21 頁］

　会社を批判するメールを顧客に送信し、反省文でも同じ批判を繰り返したことから解雇した事案。解雇無効を求めた元従業員は、従前と異なる単純作業を指示されたのはいじめなどと主張した。東京高裁は、対外的な折衝のある元の業務に戻せないとの判断はやむを得ず、懲罰目的とかパワハラとするには無理があると評価。2 度の懲戒後も改善がみられないなど解雇有効としている。

パワハラとはいえず、懲戒後も改善なく解雇有効

 事案の概要

　Y 社は、企業内教育研修の企画・立案、コンサルティング等を目的とする株式会社である。

　X は、Y 社と同じ企業グループに属する T 社に入社し、遅くとも平成 18 年 1 月までに Y 社に転籍し、平成 23 年 4 月より、グループ会社各社に技能職として入社する新規高卒者等の訓練生の教育訓練を行う技能訓練校（以下「スクール」）に配属されていた。X は、スクールにおいて、教育訓練担当講師との日程調整、年間授業のコマ割り、行事日程案の作成、日々の訓練や行事運営のサポート業務、一般教養関係科目の講師業務等を行っていた。

　平成 26 年 10 月 14 日、X は、グループ会社の関係者等に対し、（同月 7 日に実施した）前期報告会議事録についての連絡と題するメール（以下「本件メール」）を送信した。その内容は、大要、「①前期報告会について、開催前は担当するように言われたのに、180 度変わり、当方が担当ではないのに余計な事をしたと言われたから、議事録を含め、今後一切対応しない、②学科講師による訓練生の職場環境見学も、理由、説明、報告もなく、取りやめになった、③派遣元窓口への報告会や評価制度についても、現在の訓練校では、グループミーティングもなく、

学科講師の振返り会、報告会ともに、責任を持てない、④振返りでも、各実技指導員からの書面での報告がないことをお詫びする、⑤訓練生の成績を報告するだけで精一杯の状況である」との記載があった。

同年10月15日、スクールの校長は、本件メールの送信につき、Xに反省文の作成を指示し、これを受けてXは形式的には反省文を作成したものの、その内容は校長およびY社組織を批判するものであった。校長は、翌日以降も反省文作成の指示を継続したが、Xは同様の反省文を提出し続けた。また、同年11月、校長はXに対し、マーシャリング作業（実習に用いる部品の仕訳作業）を指示（以下「本件業務指示」）したが、Xはこれに従わなかった。

平成27年4月21日にY社は、①本件業務指示に従わないこと、②本件メールにより関係先に無用な混乱を招来させたこと、③昨年7月より5カ月に亘り、従前執務していた事務室の自席ではなく、講師控室での執務を正当な理由なく継続したことを理由に、Xを譴責処分とした。そして、同年8月7日、上記譴責処分後もXが本件業務指示に従わないことを理由に、Xを出勤停止1日の懲戒処分とした。

同年11月30日、Y社は、Xが上記出勤停止処分後も本件業務指示に従わない状態を継続していることを理由として、Xに対し、同日付で解雇の意思表示をした。

Xは、本件解雇は無効であり、労働契約上の地位の確認、バックペイ等を求めて提訴したが、一審判決（横浜地判平31・3・19）は、Xの請求を棄却した。そこで、Xが控訴したのが本件である。

本件判決も、一審判決を維持し、以下の理由でXの控訴を棄却した。

 判決のポイント

問題行動を起こした従業員が、…従前の担当業務を担当させられない場合において、業務軽減の必要性のない他の従業員の担当業務の一部を担当させることを、その一事をもって懲罰目的であるとか、難易度が低く業務上必要のない過少な行為を行わせるものとしてハラスメントに該当するとかいうには、無理がある。

Xに、組織の基本（上司の指示に従うこと、上司から指示された業務を行う義務があること）を体得させるという業務上の必要性があった。十分な反省と改善がみられるまで、外部との接触のない業務…を行わせることは、誠

解雇

にやむを得ないものであった…。…このことを業務上必要のないパワーハラスメントが行われたと評価するには、無理がある。

　（Xが提出した）反省文には、「上に立つ方の力量のなさとしかいえない…どうしようもないやり方や結果が多々あり」など、Xの意見、不満をにじませた記載がある。Xについては、今後も組織規律を乱す言動を行いかねないという大きなリスクを抱えた人材であると評価せざるを得なかったもので、従前業務に復帰させなかった判断は誠にやむを得ないものである。

　本件業務指示が、Xを退職に追い込む目的で発せられたことを認めるに足りる証拠はない。Y社は、本件メール送付行為があったことから、直ちに性急に解雇に踏み切ったものではない。Xは、（更なる重い処分が予測可能である）譴責処分や出勤停止処分が出され、反省と改善の機会を十分に与えられている。しかしながら、…2度の懲戒処分後も、自省的な反省と改善がみられず、上司や元上司等に対する他罰的言動を繰り返した。

　したがって、…本件解雇は有効である。

 応用と見直し

　本件メールは、会社および上司を批判する内容を会社の関係会社等に送信したものである。会社秩序を乱し、また、関係会社等に対する会社の信頼をあからさまに害する行為といわざるを得ず、これ自体でも懲戒の対象になり得る行為ではあるが、解雇となると、使用者において、労働契約の継続を期待し難い事情が認められなければ、法的効力が否定される場合が多い。

　本件では、Y社は性急に解雇に及ばず、まずはXの教育・指導の方策をとり本件業務指示を行い、その不順守を理由に、譴責処分、1日の出勤停止処分を経由して、解雇に及んでおり、そのプロセスは穏当かつ的確である（つまりは、本件メールを解雇の直接・間接の理由にするというよりも、本件メールを理由として本件業務指示を行い、その不順守を解雇の理由としているものである）。

　こうした人事施策は、往々にして、「時間がかかりすぎる」「上司が疲弊する」といった感想が、企業の人事担当者からは寄せられる（現に、本件のように、あからさまに業務指示に従わないXの場合でも、本件メールから解雇までに1年が経過している。中途

半端に、形では業務指示に従いつつ反抗的姿勢を改めないといった問題社員の場合は、より多くの時間を要したであろう）。しかし、司法審査における解雇の困難さ、一旦、敗訴無効となった場合の影響の甚大さ（解雇訴訟中のバックペイを全て支払ったうえで、被解雇者が従業員として復帰する）に鑑みれば、使用者としては、所謂、「外堀を埋める」「急がば回れ」の格言を思い出して対処するのが、法的にはお勧めであるといわざるを得ない。

MEMO

解雇

有期契約中の解雇無効で判決日まで賃金発生？

－朝日建物管理事件－（最一小判令元・11・7）

弁護士　岩本　充史　　　　　　　　　　　　　　　　　［最高裁 WEB］

　有期労働契約の期間途中に、配転拒否を理由に解雇されたため、地位確認を求めた事案。解雇無効とした一審や原審が、判決確定日までの賃金支払いを命じたのに対し、最高裁は、契約期間満了により契約が終了するか否か判断していないとして、原審を破棄。訴訟係属中に期間が満了したのは明らかであり、一審はその事実を斟酌する必要があったとして差し戻した。

満了時当然に更新といえず、原審破棄し差戻し

 事案の概要

　Yから雇用され、△△市民会館において受付として稼働していたXが、他の市民会館への配転命令を受けた上、Yから平成26年6月9日付けで解雇されたこと（以下「本件解雇」）について、当該配転命令が違法無効であって、本件解雇も無効なものであるとして、Yに対し、雇用契約上の地位の確認等を求めた事案である。

　Xに適用される就業規則には、「業務の都合により会館社員の職種を変え、あるいは職場を異動させることがある。会館社員は、正当な理由がなければこれを拒むことができない」と定められている。

　Xは、平成22年4月1日、Yとの間で期間の定めのある雇用契約を締結し（以下、更新後のものも含めて「本件労働契約」）、△△市民会館において、受付としての業務を開始した。そして、労働条件通知書には、「更新の有無」として、「更新する場合がある」等と記載されていた。その後、Xは、Yとの間で雇用契約を3回更新した。最後の更新をした平成26年3月20日付けY発行の労働条件通知書には、雇用期間として平成26年4月1日から平成27年3月31日までと定められていた。

　Yは、平成26年5月8日、Xに対

し、口頭で、同年6月1日付けで◇◇市民会館の受付係へ異動するよう告知した（以下「本件配転命令」）。これに対し、Xは、自分が異動するのは承服しかねるとメールで抗議をした。これを受けて、Yは、本件配転命令の理由を回答した。Yは、平成26年5月21日、改めて本件配転命令の辞令書をXに交付し、同月27日、同年6月1日以降、◇◇市民会館に出勤しなければ欠勤扱いとなり、そうした事態が一定期間続くと懲戒処分の対象となると書面で告知し、同年6月1日、Xが◇◇市民会館にも△△市民会館にも出勤しなかったため、電話でこれから1週間出勤しなければ解雇すると伝えた。同月6日、X代理人に対し、業務命令に従わなかったこと等を理由として、同月9日付けでXを解雇し、解雇予告手当を支払う旨を通知した。そこで、Xが本件解雇は無効であると主張して、訴えを提起した。

一審（福岡地裁小倉支判平29・4・27）は、Xが訴状において本件労働契約の期間が平成26年4月1日から平成27年3月31日までとする主張をしていたにもかかわらず、同29年1月26日に弁論を終結し、Xの請求を全て認容する判決をした。同判決の控訴審（福岡高判平30・1・25）に

おける口頭弁論では、Yが本件労働契約の期間が満了したことを抗弁として主張したにもかかわらず、これを時機に後れた攻撃防御方法に当たるとして却下し、Yの控訴を棄却する判決をした。

 判決のポイント

「最後の更新後の本件労働契約の契約期間は、Xの主張する平成26年4月1日から同27年3月31日までであるところ、第1審口頭弁論終結時において、上記契約期間が満了していたことは明らかであるから、第1審は、Xの請求の当否を判断するに当たり、この事実をしんしゃくする必要があった。そして、原審は、本件労働契約が契約期間の満了により終了した旨の原審におけるYの主張につき、時機に後れたものとして却下した上、これに対する判断をすることなくXの請求を全部認容すべきものとしているが、第1審がしんしゃくすべきであった事実をYが原審において指摘することが時機に後れた攻撃防御方法の提出に当たるということはできず、また、これを時機に後れた攻撃防御方法に当たるとして却下したからといって上記事実をしんしゃくせずにXの請求の当

解雇

否を判断することができることとなるものでもない。ところが、原審は、最後の更新後の本件労働契約の契約期間が満了した事実をしんしゃくせず、上記契約期間の満了により本件労働契約の終了の効果が発生するか否かを判断することなく、原審口頭弁論終結時におけるXの労働契約上の地位の確認請求及び上記契約期間の満了後の賃金の支払請求を認容しており、上記の点について判断を遺脱したものである原判決中、労働契約上の地位の確認請求及び平成27年4月1日以降の賃金支払請求を認容した部分は破棄を免れない。そして、Xが契約期間の満了後も本件労働契約が継続する旨主張していたことを踏まえ、これが更新されたか否か等について更に審理を尽くさせるため、同部分につき本件を原審に差し戻すこととする」

 応用と見直し

(1)本判決について

　有期労働契約は期間が満了することにより、原則として終了する。しかし、労働契約法19条1号、2号に該当する事案においては期間満了により当然に終了するものではない。本事案は、

有期労働契約の期間途中での解雇の効力（労働契約法17条1項の「やむを得ない事由」の有無）が主な争点とされていたところ、Xが訴状において有期労働契約の始期と終期という事実を主張していたにもかかわらず、一審および原審は、これらの事実をしんしゃくせずに判断をしているのであり、本判決が上記判断をしたのは当然のことと思われる。そして、差戻審においてYは、Xにおいて本件労働契約が更新されることを期待することが合理的とはいえないことを示す事実関係（仮定ではあるが、Yと発注者との契約が更新されなかった等の事実関係）を主張立証する必要があるが、Yは一審においては期間満了による主張をしていなかったと思われ、差戻審における立証は相当難しいものと思われる。

(2) 有期労働契約の終了の効力が争われている途中に終期が到来する紛争における留意事項

　本件は有期労働契約を期間途中で解除した事案であり、係争中に当該有期労働契約の終期が到来したものである。他方、有期契約労働者を雇止めして、労働者が雇止めの効力を争っている途中で更新後の有期労働契約の期間が満了する事案のほうが件数的には多

いものと思われる（日立メディコ事件＝最一小判昭61・12・4）。期間満了後における使用者と労働者間の法律関係は従前の労働契約が更新されたのと同様の法律関係となるものと解されており、係争中に更新後の有期労働契約の期間が満了することも多いであろう。

いずれの場合においても地位確認請求がなされた場合、使用者において、当初の解雇または雇止めが有効であるとの主張のほか、新たな雇止めの主張立証の検討をすることが必要である。

MEMO

解雇

配送請け負う企業組合、

ドライバーと雇用関係？

－企業組合ワーカーズ・コレクティブ轍事件－（東京高判令元・6・4）

弁護士　石井　妙子　　　　　　　　　　　　　　　　　［労判 1207 号 38 頁］

> 　食材等の配送を請け負う「企業組合」の組合員が、労基法上の労働者として
> 残業代を求めて控訴した。東京高裁は、使用従属性の判断に加え、事業者性の
> 有無を重視。全員参加の会議で、配達チームの編成や報酬などの経営事項を協
> 議して多数決で決めるなど、運営への実質的関与を認め事業者性を肯定した。
> 時間的拘束性が強いといえず、指揮監督下とみるのも困難とした。

運用関与し「事業者性」あり、指揮監督下とみるのも困難

 事案の概要

　Ｙは、平成 12 年に、中小企業等協同組合法（以下「中企協法」）に基づき、一般貨物自動車運送事業等を目的として設立された企業組合であり、東京ワーカーズ・コレクティブに加入して、食材等の商品の配送業務を受託している。

　Ｘは、遅くとも平成 17 年 2 月頃までには、Ｙのドライバーとして配達や車両整備等の業務に従事し、当初はアルバイトとして雇用契約を締結していたが、翌年 11 月頃、出資金 5 万円を払い込んで、Ｙの組合員（「メンバー」と呼称される）となり、荷物配達業務に従事し、平成 27 年 3 月に退職した。なお、平成 26 年 7 月に、労基署の指導によりＹがメンバーに残業代の一部を支払った事実がある。Ｘは、労基法上の労働者であると主張して、Ｙに対し、労基法上の未払割増賃金と付加金等の支払いを求めて提訴したが、一審（東京地裁立川支判平 30・9・25）は、Ｘは労基法上の労働者に該当しないとして請求を棄却したため、Ｘが控訴した。

1　労働者性の判断

　ワーカーズ・コレクティブは「雇用されない主体的な労働」に特徴があるが、…当然に組合員の「労働者性」が否定されるわけではなく、使用従属性の判断に加え、事業者性の有無等についても慎重に検討の上、…労働者性を判断する必要がある。

2　使用従属性

　(1)仕事の依頼・指示に対する諾否の自由の有無

　諾否の自由を有しない場合は、一応、指揮監督関係を推認させる重要な要素となる。もっとも、当事者間の契約によっては、一定の包括的な仕事の依頼を受諾した以上、拒否する自由が当然に制限される場合があるなど、契約内容等も勘案する必要がある。

　(2)業務遂行上の指揮監督の有無

　通常注文者が行う程度の指示にとどまる場合は、指揮監督を受けているとはいえない。配達コースの経路の設定・各コースの担当者の決定基準は、運営会議で協議の上決定されており、…休暇予定日の申告は…、（運行管理の問題であって）労務管理がされていたと

評価することはできない。懲戒処分…やこれに代わる制裁も認められない。

　(3)拘束性の有無

　勤務場所及び勤務時間の指定が業務の性質等によるものか、業務遂行を指揮命令する必要によるものかを見極める必要がある。所定労働時間が規定され、…朝礼が行われ…一定程度の時間的拘束があるとはいえる。しかし、…遅刻等に対してペナルティーがなかったこと、…業務が終了次第、順次退社すること…にも照らせば、拘束性が強いと評価することはできず、指揮監督下の労働とみるのは困難である。

　(4)報酬の労務対償性の有無

　本件報酬は、…出来高払方式に類する。報酬と一定時間の労務提供との対価関係は認められない。また、剰余金については、おおむねメンバーに均等に支給されている。

3　補充の判断要素

　(1)事業者性の有無

　組合契約の本質に照らせば、当該組合の事業全体にわたって、主体的に、組合員が実質的な協議を行ってこれを決定しているか否かが重要な要素…と解される。形式的には組合員が決定しているようでも、…理事者の提案ないし決定を単に追認しているにとどまる

その他

ような場合…、およそ事業者性を肯定する事情とすることはできない。

本件では、メンバーの全員が、同等の立場で、多数決により被告の運営に実質的に関与しており、その組合員は、主体的に出資し、運営し、働き、共同で事業を行っていたものといえるから、組合員として事業者性が肯定される。

(2)その他

(ア) 制服や手袋等をYが貸与し、業務に必要なトラック等の器具やガソリン代等の経費をYが負担していたことは、コスト低減等のメリットのある企業組合形態を採用したことの当然の帰結である。

(イ)（雇用保険など）労働保険制度が適用されていたことのみをもって、使用従属性を肯定する事情として重視することはできない。

(ウ) メンバーが就業規則に定める懲戒処分等を受けたことがなく、就業規則の適用については…明らかではない。

(エ) 労基署の判断については、判断の基礎とされた事実及び証拠の相違によるものと思われ、裁判所がこれと異なる判断をすることの妨げにならない。

4 結論

Xは労基法9条の「労働者」に該当するとは認められないから、Xに労基法37条1項（割増賃金）は適用されない。なお、上告不受理（最決令元・12・12）により本判決確定。

 応用と見直し

行政により「雇用によらない働き方」「雇用類似の働き方」の法的問題について検討が進められているが、本件判例が扱ったワーカーズ・コレクティブも、「雇用によらない働き方」のひとつである。もっとも、クラウド・ソーシングやウーバー等と比較すれば歴史は古く、1982年に神奈川県に第1号が誕生している。ワーカーズ・コレクティブは、個人事業者や勤労者などが集まり、資本や労働力を拠出し合うことで協同労働を行うものであり、「雇用されない主体的な労働」を標榜している。さまざまな業種があり、法制化に向けた活動もなされている。

本件の形態は雇用契約関係にないことを前提とするが、判決は、その一事をもって、ただちに労働者性を否定することはできないとした。判決文中、明示はないものの、労働基準法研究会

報告「労働基準法の『労働者』の判断基準について」（労働省昭 60・12・19）に沿った判断をしているが、同基準で補充的位置付けとされた「事業者性」を重視し、企業組合に特有の判断要素として、企業組合の運営状況等が民主的であるかなどを検討して結論を出している点が、本判決の特徴である。

本件では就業規則に所定労働時間をはじめとするルールの定めがある等、労働研究会報告書の基準によれば労働者性が肯定される余地もあったが（実際、労基署は労働者と認定しているが）、少人数であり（14人）、メンバー全員が参加する運営会議を定期的かつ頻繁に開催し、実質的な協議を経て、多数決により決定していること等、企業組合の運営状況の判断を重視した結果、労働者ではないと判断している。メンバーの同質性（平等）と組織の民主的運営がポイントであると考える。

雇用契約によらない様ざまな働き方が生じている中、働く者の保護として、どのようなニーズがあり、どのような保護のあり方が望ましいのか、それぞれの形態の要点をとらえた議論や工夫が必要な時代である。

なお、令和2年12月「労働者協同組合法」が成立し、組合と組合員の間で労働契約を締結しなければならないとされた（同法 20 条 1 項、未施行）

MEMO

その他

— 193 —

著者略歴 （50音順）

弁護士　**石井　妙子**（いしい　たえこ）

太田・石井法律事務所（千代田区一番町 13　ラウンドクロス一番町 6 階）
　昭和 61 年 4 月弁護士登録（第一東京弁護士会）。平成 30 年経営法曹会議事務局長。
　専門分野は人事・労務管理の法律実務。
　　＜著書＞　「問題社員対応の法律実務」（経団連出版）
　　　　　　　「続　問題社員対応の法律実務」（同上）
　　　　　　　「改訂版　最新実務労働災害」共著（三協法規出版）など

弁護士　**岩本　充史**（いわもと　あつし）

安西法律事務所（中央区銀座 3 － 4 － 1　大倉別館 3 階）
　平成 11 年弁護士登録（第一東京弁護士会）。駒澤大学大学院法曹養成研究科法曹養成専攻非
　常勤講師。東京地方最低賃金審議会公益代表委員。東京簡易裁判所民事調停委員。内閣官房
　内閣人事局専門調査員。
　　＜著書＞　「別冊ビジネス法務・不況下の労務リスク対応」（中央経済社・共著）
　　　　　　　「人事・労務における法務とリスクマネジメント～コンプライアンスとトラブル防
　　　　　　　止のための法務知識と具体的実務対応～」（企業研究会・共著）
　　　　　　　「労働契約法の実務－指針・通達を踏まえた解説と実践的対応策－」（民事法研究会・
　　　　　　　共著）

弁護士　税理士　**牛嶋　勉**（うしじま　つとむ）

牛嶋・和田・藤津法律事務所（千代田区一番町 5 － 3　アトラスビル 5 階）
　昭和 51 年弁護士登録。昭和 57 年税理士登録。平成 17 年新司法試験考査委員（租税法）。平
　成 29 年経営法曹会議代表幹事。
　　＜著書＞　「出向・転籍・退職・解雇」（第一法規・編著）
　　　　　　　「パート・アルバイト・嘱託・派遣・出向」（第一法規・編著）
　　　　　　　「現代労務管理要覧」（新日本法規・編著）
　　　　　　　「社員の問題行為への適正な対応がわかる本」（第一法規・共著）

弁護士　**岡芹　健夫**（おかぜり　たけお）

髙井・岡芹法律事務所 所長（千代田区九段北 4 － 1 － 5　市ヶ谷法曹ビル 902 号室）
　平成 6 年弁護士登録（第一東京弁護士会）。経営法曹会議幹事。筑波大学法科大学院講師。
　第一東京弁護士会労働法制委員会委員、東京三弁護士会労働訴訟等協議会委員。
　　＜著書＞　「人事・法務担当者のためのメンタルヘルス対策の手引」（民事法研究会）
　　　　　　　「雇用と解雇の法律実務」（弘文堂）
　　　　　　　「労働条件の不利益変更　適正な対応と実務」（労務行政）
　　　　　　　「労働法実務　使用者側の実践知」（有斐閣）

弁護士　**緒方　彰人**（おがた　あきひと）

加茂法律事務所 パートナー弁護士（中央区八重洲 2 － 8 － 7　福岡ビル 7 階）
　平成 12 年弁護士登録（第一東京弁護士会）。経営法曹会議所属。
　主に人事労働、会社法務（商事・民事事件等）、倒産法務、損保事件などを手掛ける。
　＜著書＞　「Q ＆ A 建設業トラブル解決の手引き」（新日本法規出版・共著）
　　　　　　「現代　労務管理要覧」（新日本法規出版・共著）
　　　　　　「賃金・賞与・退職金の実務 Q ＆ A」（三協法規出版・共著）

弁護士　**中町　誠**（なかまち　まこと）

中町誠法律事務所（中央区銀座 7 － 8 － 5　植松ビル 9 階）
　昭和 53 年弁護士登録（第一東京弁護士会）。経営法曹会議常任幹事。
　平成 19 年 4 月〜 22 年 3 月　東京大学法科大学院客員教授（労働法実務家教員）
　＜著書＞　「最高裁労働判例 4・5・6・7・10」（日経連・共著）
　　　　　　「労働法実務ハンドブック（第 3 版）」（中央経済社・共著）
　　　　　　「労働条件の変更（第 2 版）」（中央経済社）
　　　　　　「論点体系　判例労働法 1」（第一法規・共著）

弁護士　**渡部　邦昭**（わたなべ　くにあき）

渡部総合法律事務所（広島市中区上八丁堀 8 － 14　安芸リーガルビル 4 階）
　昭和 51 年 12 月　大阪弁護士会より広島弁護士会に登録換え、平成 7 年広島弁護士会副会長。
　経営法曹会議に所属。
　＜著書＞　「転職・中途採用をめぐる法律実務」（広島県経営者協会監修）
　　　　　　「労働法実務ハンドブック」（中央経済社・共著）
　　　　　　「ロータリーと学び」（広島陵北ロータリークラブ監修）

経営側弁護士による
精選　労働判例集　第 11 集

2021 年　6 月 21 日　初版

著　　者　　石井　妙子　　岩本　充史
　　　　　　牛嶋　　勉　　岡芹　健夫
　　　　　　緒方　彰人　　中町　　誠
　　　　　　渡部　邦昭

発 行 所　　株式会社労働新聞社
　　　　　　〒 173-0022　東京都板橋区仲町 29-9
　　　　　　TEL：03-5926-6888（出版）　03-3956-3151（代表）
　　　　　　FAX：03-5926-3180（出版）　03-3956-1611（代表）
　　　　　　https://www.rodo.co.jp　　　　　pub@rodo.co.jp
表　　紙　　尾﨑　篤史
印　　刷　　株式会社ビーワイエス

ISBN 978-4-89761-864-7